TITEL: "JENSEITS DER POLITIK: EINE WELT IM GLEICHGEWICHT"

Einleitung

In einer Ära, geprägt von politischer Uneinigkeit und institutionellen Machtkämpfen, präsentieren wir Ihnen ein literarisches Werk, das die Grenzen der Vorstellungskraft überschreitet und eine alternative Vision für die menschliche Gesellschaft zeichnet: "Jenseits der Politik: Eine Welt im Gleichgewicht". Dieses Buch wirft einen kühnen Blick auf eine Welt, die den konventionellen Weg der politischen Ordnung verlassen hat, um eine neue, ausbalancierte Realität zu schaffen.

Die Grundlagen dieser alternativen Welt werden bereits in den Wurzeln ihrer Entstehung sichtbar. Im ersten Kapitel erkunden wir die faszinierenden Ursprünge dieser politikfreien Gesellschaft. Vielleicht waren es sozialrevolutionäre Bewegungen, wegweisende technologische Durchbrüche oder eine Verschmelzung von Ereignissen, die die Menschen dazu trieben, die traditionellen Fesseln politischer Strukturen abzulegen. Die Vergangenheit wird zur Bühne für eine Entwicklung, die das Schicksal der Menschheit neu schrieb.

Ohne politische Hierarchien musste diese Gesellschaft alternative Wege finden, um sich zu organisieren. Das zweite Kapitel führt uns in die Tiefen der sozialen Strukturen, die diese Welt formen. Von basisdemokratischen Entscheidungsfindungen über kooperative Organisationsformen bis hin zu einem Netzwerk aus Gemeinschaften, die auf Ausgewogenheit bedacht sind – hier offenbart sich eine sozialrevolutionäre Landschaft, die zum Nachdenken anregt.

Doch der Verzicht auf politische Strukturen bedeutet keineswegs einen Verzicht auf Gerechtigkeit. Im dritten Kapitel begleiten wir die Leser durch ein System der Rechtsprechung, das sich von traditionellen Gerichten emanzipiert. Alternative Methoden der Konfliktlösung und Gerechtigkeitsfindung erheben sich aus den Trümmern der alten Ordnung, und wir entdecken, wie das Streben nach Fairness und Ausgleich weiterhin in den Grundfesten der Gesellschaft verankert ist.

Mit dem Blick auf wirtschaftliche Entscheidungen und Ressourcenverteilung in einer politikfreien Welt führt uns das vierte Kapitel in die Essenz ökonomischer Systeme, die fernab politischer Einflussnahme existieren. Neue Modelle, die auf Gleichheit und Gemeinwohl ausgerichtet sind, prägen die Dynamik dieser Gesellschaft und werfen zugleich die Frage auf, ob ein derartiger Wandel auch in unserer Realität möglich wäre.

Das Bildungssystem, das in einer Welt ohne politische

Einflussnahme gedeiht, wird im fünften Kapitel beleuchtet. Hier durchdringt eine Atmosphäre des freien Denkens und der individuellen Entfaltung die Bildungseinrichtungen, und wir begeben uns auf eine Reise, die die Grundpfeiler des Wissens infrage stellt und zugleich die kreativen Potenziale der Menschen entfesselt.

Die globale Arena, ohne politische Grenzen und Machtspielchen, steht im Mittelpunkt des sechsten Kapitels. Wie interagieren Gemeinschaften und Nationen, wenn politische Strukturen eliminiert sind? Neue Formen der internationalen Zusammenarbeit und Diplomatie entfalten sich, und wir werfen einen Blick auf eine Welt, in der das Streben nach gemeinsamen Zielen im Vordergrund steht.

Diese Einleitung bildet den Auftakt zu einer Expedition in eine Welt, die durch ihre Unkonventionalität fasziniert und den Lesern die Gelegenheit bietet, über die Grenzen des Bekannten hinauszudenken. "Jenseits der Politik: Eine Welt im Gleichgewicht" eröffnet ein Fenster zu einer Vision, die in ihrer Einzigartigkeit nicht nur inspiriert, sondern auch dazu anregt, die Grundfesten unserer eigenen Realität zu hinterfragen. Tauchen Sie ein in die Seiten dieses Buches und entdecken Sie eine Welt, in der das Gleichgewicht zwischen Freiheit und Verantwortung, Innovation und Tradition auf eine einzigartige Weise aufrechterhalten wird.

KAPITEL 1: DIE URSPRÜNGE DER POLITIKFREIEN WELT

In den Nebeln der Vergangenheit entfaltete sich das epische Drama einer Gesellschaft, die den gewohnten Pfad der politischen Ordnung verlassen hatte. Die Ursprünge dieser politikfreien Welt reichen tief in die Annalen der Geschichte zurück, wo sozialrevolutionäre Bewegungen, technologische Meisterleistungen und ein Kaleidoskop einzigartiger Ereignisse zu einer schicksalhaften Verschiebung führten. Die Menschen dieser Ära traten aus dem Schatten politischer Hierarchien und wagten den kühnen Schritt, den Weg der Selbstbestimmung einzuschlagen.

Die Wurzeln dieses radikalen Paradigmenwechsels lassen sich bis zu einem Geflecht von Ereignissen zurückverfolgen. Sozialrevolutionen durchzogen die Landschaft, angetrieben von einem tiefgreifenden Verlangen nach Gerechtigkeit und Gleichheit. Der Aufstieg neuer Technologien spielte eine Schlüsselrolle, indem er eine Vernetzung und Informationsfreigabe ermöglichte, die den Horizont der Gesellschaft erweiterte. Eine kritische Masse von Erkenntnissen und Empfindungen, gepaart mit einer kollektiven Sehnsucht nach einer besseren Welt, löste eine Kaskade von Veränderungen aus.

In dieser Ära des Umbruchs stellte sich die Gesellschaft fundamentale Fragen zu ihrem Selbstverständnis. Die alten politischen Strukturen, die einst als Säulen der Stabilität galten, wurden auf den Prüfstand gestellt. Die Menschen begannen, eine Zukunft zu visualisieren, die nicht von den Fesseln partikularer Interessen und Machtspiele gefangen war. Die Idee einer politikfreien Welt nahm Form an, als kollektive Entscheidungen auf lokalbasierter Partizipation, transparenzgestützte Technologien und einem tiefen Glauben an die Fähigkeit des Einzelnen zur Selbstregulierung basierten.

Der Übergang war keineswegs reibungslos. Widerstände gegen diesen revolutionären Wandel manifestierten sich in Form von politischen Kollisionen und sozialen Unruhen. Doch die Visionäre dieser Zeit hielten an ihrem Traum fest, und nach Jahren des Wandels begann sich eine neue Ordnung zu kristallisieren.

Die politikfreie Welt war nicht nur eine Absage an die konventionellen Strukturen, sondern auch ein Aufruf zur Selbstbestimmung. Die Menschen griffen nach den Zügeln ihres eigenen Schicksals, suchten nach Wegen, um Gemeinschaften zu schaffen, die auf Solidarität, Kooperation und Verantwortung basierten. Die Vorstellung von Macht war nicht mehr auf wenige Zentren konzentriert, sondern verteilte sich auf breite Schultern der Gemeinschaft.

In diesem Kapitel der Ursprünge werden Sie in die Tumulte dieser Zeiten versetzt, in denen die Grundlagen einer politikfreien Welt gelegt wurden. Es ist die Geschichte einer Gesellschaft, die ihre Ketten abstreift und einen Weg beschreitet, der von der Kraft des Kollektivs und dem Glauben an die Gestaltung der eigenen Zukunft getragen wird. Ein Prolog zu einer Reise durch eine Welt, die nicht nur auf den Spuren ihrer Vergangenheit wandelt, sondern auch die Pfade einer visionären Zukunft erkundet.

KAPITEL 2: SOZIALE ORGANISATION

In den Hallen dieser politikfreien Welt entfaltet sich ein Kaleidoskop alternativer sozialer Strukturen, die wie kunstvolle Mosaikstücke ein Gesamtbild formen, das auf Solidarität und kollektiver Selbstbestimmung gründet. Das zweite Kapitel unserer Reise führt uns in die faszinierenden Gefilde der sozialen Organisation, wo traditionelle politische Hierarchien durch eine Vielzahl von innovativen Ansätzen ersetzt wurden.

Die Basisdemokratie, als grundlegendes Prinzip dieser politikfreien Welt, erblüht in einem Gewebe partizipativer Prozesse, die das Herzstück der sozialen Organisation bilden. Hier geht es nicht nur um das Recht jedes Einzelnen, an Entscheidungen teilzunehmen, sondern vielmehr um die kollektive Verpflichtung, aktiv am Gestaltungsprozess der Gemeinschaft teilzuhaben.

Versammlungen auf lokaler und regionaler Ebene bilden das Rückgrat dieser demokratischen Praxis. Menschen versammeln sich, um die Geschicke ihrer Gemeinschaften zu lenken, und in diesen Zusammenkünften wird die Vielfalt der Meinungen und Perspektiven hervorgehoben. Die Grundlage dieser Treffen ist nicht nur das Diskutieren und Abstimmen, sondern ein tiefes Streben nach Konsens, das darauf abzielt, gemeinsame Entscheidungen zu treffen, die von einer breiten Zustimmung getragen werden.

Partizipation ist keine bloße formale Angelegenheit, sondern eine kulturelle Norm. Jedes Mitglied ist ermutigt und erwartet, aktiv am demokratischen Prozess teilzunehmen. Diskussionen werden durch eine Atmosphäre der Offenheit und des Respekts geprägt, die es den Menschen ermöglicht, ihre Ideen frei zu äußern, ohne

Furcht vor Unterdrückung oder Zurückweisung.

Technologische Instrumente werden geschickt eingesetzt, um die partizipative Entscheidungsfindung zu erleichtern. Online-Plattformen ermöglichen es den Mitgliedern, Vorschläge einzubringen, Diskussionen zu verfolgen und an Abstimmungen teilzunehmen, unabhängig von ihrem physischen Standort. Dieser Zugang zu virtuellen Foren fördert nicht nur eine breitere Beteiligung, sondern ermöglicht auch eine effektive Einbindung von Menschen, die möglicherweise nicht physisch anwesend sein können.

Der Weg zur Entscheidungsfindung ist nicht nur auf Versammlungen beschränkt. Kreative Formen der Konsultation und Beteiligung, wie Bürgerforen, themenbezogene Arbeitsgruppen oder partizipative Workshops, werden genutzt, um sicherzustellen, dass die Entscheidungen von einer breiten und vielfältigen Basis getragen werden. Das Streben nach Konsens steht im Mittelpunkt dieser demokratischen Kultur. Die Suche nach gemeinsamem Boden und die Berücksichtigung verschiedener Standpunkte sind grundlegende Prinzipien. Die Entscheidungsfindung erstreckt sich über einen Zeitraum, der genügend Raum für Diskussionen, Reflexionen und die Integration unterschiedlicher Perspektiven bietet, bevor eine endgültige Entscheidung getroffen wird.

Die Basisdemokratie in dieser politikfreien Welt repräsentiert somit mehr als nur einen Mechanismus der Mitbestimmung; sie ist eine lebendige kulturelle Praxis, die auf einem tiefen Verständnis für die Werte der Gleichheit, Teilhabe und Zusammenarbeit beruht. Es ist eine Demokratie, die nicht von oben nach unten aufoktroyiert wird, sondern organisch aus der kollektiven Intelligenz und dem Willen der Menschen wächst, ihre Gemeinschaft gemeinsam zu gestalten.

In den Geweben einer politikfreien Welt, wo die Macht nicht in den Händen weniger ruht, sondern als gemeinsame Verantwortung der Gemeinschaft betrachtet wird, erblühen kooperative Organisationsformen als pulsierende Lebensadern einer neuen sozialen und wirtschaftlichen Ordnung. Hier ist die Idee der Kooperation nicht nur ein Konzept, sondern ein gelebtes Prinzip, das die Grundfesten der Gemeinschaft durchdringt.

Genossenschaften sind ein Eckpfeiler dieser kooperativen Organisationsformen. Angetrieben von dem Gedanken, dass Gemeinschaften gemeinsame Interessen und Bedürfnisse teilen, schließen sich Menschen in Genossenschaften zusammen. Diese können in verschiedenen Bereichen florieren, sei es in der Landwirtschaft, der Produktion, im Handel oder im Dienstleistungssektor. Die Mitglieder einer Genossenschaft sind nicht nur Kunden oder Angestellte, sondern gleichberechtigte Teilhaber, die gemeinsam die Entscheidungen treffen und die Früchte ihrer kollektiven Anstrengungen ernten.

In diesem symbiotischen Organisationsmodell stehen Gleichheit und gegenseitige Unterstützung im Mittelpunkt. Gewinne werden nicht in den Taschen weniger Akteure konzentriert, sondern auf gerechte Weise unter den Mitgliedern verteilt. Dieser Ansatz trägt nicht nur zur wirtschaftlichen Stabilität der Gemeinschaft bei, sondern stärkt auch das Gefühl der gemeinsamen Verantwortung und Solidarität.

Kooperative Unternehmen sind eine weitere Ausprägung dieser Organisationsformen. Hier wird die Idee der Kooperation auf unternehmerische Aktivitäten angewendet. Entscheidungen werden nicht von einem einzelnen Vorstand getroffen, sondern partizipativ und demokratisch von den Mitarbeitern selbst. Dies schafft nicht nur eine höhere Identifikation der Mitarbeiter mit ihrer Arbeit, sondern fördert auch ein Umfeld der Innovation und Kreativität, da jeder Einzelne einen aktiven Beitrag zur strategischen Ausrichtung des Unternehmens leisten kann.

Eine besondere Form der Kooperation zeigt sich in gemeinschaftlichen Wirtschaftsformen. Hier teilen Menschen nicht nur die Verantwortung, sondern oft auch physische Ressourcen wie Land, Werkzeuge oder Produktionsstätten. Die Idee der gemeinsamen Nutzung und kollektiven Bewirtschaftung ermöglicht nicht nur eine effizientere Nutzung von Ressourcen, sondern fördert auch eine nachhaltige und umweltfreundliche Wirtschaftspraxis.

Die Grundlage all dieser kooperativen Organisationsformen ist das Prinzip der Selbsthilfe, Selbstverantwortung und Selbstverwaltung. Die Mitglieder sind nicht nur Empfänger von Leistungen, sondern aktive Gestalter ihrer gemeinsamen Zukunft.

Die Idee, dass jeder Einzelne eine Stimme hat und in den Prozess der Entscheidungsfindung eingebunden ist, schafft nicht nur eine demokratische Unternehmenskultur, sondern stärkt auch das Vertrauen und die Solidarität innerhalb der Gemeinschaft.

In dieser politikfreien Welt sind kooperative Organisationsformen nicht nur eine Antwort auf ökonomische Herausforderungen, sondern auch eine Manifestation der Überzeugung, dass Gemeinschaften stärker sind, wenn sie zusammenarbeiten. Es ist eine Evolution von einem Wettbewerbsdenken hin zu einem kooperativen Denken, das nicht nur die wirtschaftliche Effizienz steigert, sondern auch das soziale Gefüge stärkt und die Grundlage für eine nachhaltige und menschenzentrierte Gesellschaft bildet. In den Strukturen einer politikfreien Welt entfaltet sich das Konzept dezentralisierter Netzwerke als lebendiger Ausdruck einer neuen sozialen Ordnung. Hier sind lokale Gemeinschaften eigenständige Einheiten, die durch lose Verbindungen zu einem facettenreichen Netzwerk zusammengehalten werden. Diese dezentralen Netzwerke stehen im Zentrum einer Gesellschaft, die auf Autonomie und Selbstbestimmung fußt. In dieser Welt ist die Macht nicht in einem zentralen Organ konzentriert, sondern verteilt sich auf breite Schultern der Gemeinschaft.

Die Lokalität ist keine Begrenzung, sondern eine Stärke. Jede Gemeinschaft wird zu einem Knotenpunkt in diesem Netzwerk, und ihre Selbstverwaltung wird zu einem Eckpfeiler der dezentralisierten Struktur. Diese Gemeinschaften agieren autonom und eigenverantwortlich, wobei lokale Räte oder Versammlungen als Foren des Dialogs und der Entscheidungsfindung dienen. Die Vielfalt dieser Einheiten wird zur Quelle der Stärke des Gesamtsystems.

Die dezentralen Netzwerke dieser Welt sind nicht nur auf geografische Einheiten beschränkt. Sie erstrecken sich über verschiedene Aspekte des Lebens, von wirtschaftlichen Aktivitäten bis hin zu Bildung und Kultur. Die Idee der Dezentralisierung durchzieht sämtliche Facetten des sozialen Gewebes und schafft eine Dynamik, in der jeder Teil für sich existieren und gedeihen kann, während er gleichzeitig mit anderen in Wechselwirkung steht.

Technologische Innovationen spielen eine Schlüsselrolle bei der Aufrechterhaltung dieser dezentralen Netzwerke. Online-Plattformen und digitale Kommunikationsmittel ermöglichen es den Gemeinschaften, miteinander in Verbindung zu treten, Informationen auszutauschen und kollektive Entscheidungen zu treffen. Diese Technologien fördern nicht nur die Vernetzung über physische Grenzen hinweg, sondern unterstützen auch eine transparente Informationsverteilung.

In dieser Welt ist das dezentrale Netzwerk nicht nur eine Struktur, sondern eine Philosophie. Es verkörpert das Prinzip der Autonomie und Selbstbestimmung, bei dem jeder Knotenpunkt nicht nur Teil des Ganzen ist, sondern auch einen einzigartigen Beitrag leistet. Die Idee der Dezentralisierung wird zu einem Weg, um eine gleichberechtigte und vielfältige Gesellschaft zu formen, in der die Macht in den Händen der Gemeinschaft liegt und nicht in den Zentralen der Hierarchie. Es ist ein Paradigma, das die Stärke der Vielfalt und die Macht der Gemeinschaft betont.

Partizipation und Transparenz bilden die Eckpfeiler einer politikfreien Welt, in der die Beteiligung aller Mitglieder an Entscheidungsprozessen nicht nur ein Recht, sondern eine lebendige Kultur darstellt. Partizipation durchdringt sämtliche Ebenen der Gesellschaft, und die Menschen sind ermutigt, aktiv am demokratischen Prozess teilzunehmen. Ob in lokalen Versammlungen, digitalen Foren oder themenbezogenen Arbeitsgruppen – die Vielfalt der Partizipationsformen spiegelt das Bestreben wider, die Stimmen aller zu hören und in den Gestaltungsprozess einzubeziehen.

Diese Kultur der Partizipation wird durch Transparenz unterstützt, denn der freie Fluss von Informationen ist entscheidend, um eine informierte Teilnahme zu ermöglichen. Technologische Instrumente spielen eine zentrale Rolle, indem sie den Mitgliedern Zugang zu relevanten Daten und Diskussionen ermöglichen. Online-Plattformen schaffen nicht nur eine breitere Beteiligung, sondern fördern auch den offenen Austausch von Ideen und die Verfolgung von Entscheidungsprozessen.

In dieser Welt ist Transparenz nicht nur ein Mittel zur Informationsverteilung, sondern ein Grundwert, der die Grundfesten der Gemeinschaft durchdringt. Entscheidungen, sei es auf lokaler oder globaler Ebene, werden nicht hinter verschlossenen Türen getroffen, sondern im klaren Licht der Öffentlichkeit. Die Mitglieder haben Einblick in die Abläufe, die Faktoren, die in Entscheidungen einfließen, und die zugrunde liegenden Motivationen.

Partizipation und Transparenz sind untrennbar miteinander verbunden, wobei die Offenlegung von Informationen den Weg für eine breitere Beteiligung ebnet und die aktive Beteiligung der Mitglieder wiederum eine Kultur der Transparenz fördert. Gemeinschaftsentscheidungen werden nicht von einer undurchsichtigen Elite getroffen, sondern reflektieren die Vielfalt der Perspektiven und Interessen innerhalb der Bevölkerung.

Diese Kombination von Partizipation und Transparenz ist nicht nur ein Instrument der demokratischen Mitbestimmung, sondern auch ein Mittel zur Stärkung der sozialen Kohäsion. Sie schafft Vertrauen und fördert ein Gefühl der gemeinsamen Verantwortung, indem sie jeden Einzelnen in den Prozess der Gestaltung der Gemeinschaft einbezieht. In dieser Welt sind Partizipation und Transparenz nicht nur Prinzipien, sondern lebendige Ausdrucksformen einer lebendigen, demokratischen Kultur, in der die Stimmen aller gehört werden und das Schicksal der Gemeinschaft kollektiv gestaltet wird. In einer politikfreien Welt erblühen selbstverwaltete Gemeinschaften als lebendige Manifestation einer neuen Form sozialer Organisation. Hier nehmen Lokalräte oder Versammlungen eine zentrale Rolle ein, indem sie zu Foren des Dialogs und der Entscheidungsfindung werden. Die Idee der Selbstverwaltung durchzieht sämtliche Ebenen, von wirtschaftlichen Entscheidungen bis hin zu kulturellen Angelegenheiten.

Diese selbstverwalteten Gemeinschaften sind keine isolierten Einheiten, sondern Teil eines größeren Gewebes dezentralisierter Netzwerke. Jede Gemeinschaft agiert eigenständig, hat jedoch gleichzeitig Verbindungen zu anderen Einheiten. Dieses Modell fördert nicht nur Autonomie, sondern ermöglicht auch einen Austausch von Ressourcen, Wissen und Ideen zwischen den Gemeinschaften.

In selbstverwalteten Gemeinschaften ist jedes Mitglied nicht nur Empfänger von Entscheidungen, sondern aktiver Gestalter des

Gemeinschaftslebens. Lokale Räte bieten Plattformen, auf denen die individuellen Stimmen gehört werden, und Entscheidungen basieren auf einem partizipativen Prozess, bei dem jeder Einzelne eine Rolle spielt. Die Selbstverwaltung ist somit nicht nur ein Verwaltungsmodell, sondern ein Ausdruck einer tiefen Überzeugung, dass die Macht und Verantwortung in den Händen der Gemeinschaft selbst liegen sollten.

Wirtschaftliche Entscheidungen werden von Genossenschaften und kooperativen Unternehmen geprägt, in denen die Mitglieder nicht nur Angestellte oder Kunden sind, sondern gleichberechtigte Teilhaber. Gewinne werden gerecht verteilt, und die Wirtschaftstätigkeiten sind auf das Wohl der Gemeinschaft ausgerichtet. Dieser Ansatz schafft nicht nur wirtschaftliche Stabilität, sondern fördert auch ein Gefühl der gemeinsamen Verantwortung.

Die Selbstverwaltung erstreckt sich über sämtliche Lebensbereiche. Bildungseinrichtungen werden zu Orten des freien Denkens und der individuellen Entfaltung, während Kulturveranstaltungen und künstlerische Projekte von den Gemeinschaften selbst organisiert und gestaltet werden. Die Idee der Selbstverwaltung wird zu einem Motor für Kreativität und Innovation.

In einer Welt selbstverwalteter Gemeinschaften ist die Macht nicht in den Händen weniger konzentriert, sondern breit verteilt. Es entsteht eine Kultur der gemeinsamen Verantwortung, Solidarität und Freiheit. Jeder Einzelne wird ermutigt, eine aktive Rolle in der Gestaltung seines Lebensumfelds zu spielen. Die Selbstverwaltung wird so zu einem Weg, nicht nur effektive Entscheidungen zu treffen, sondern auch eine Gesellschaft zu schaffen, die auf den Prinzipien der Gleichberechtigung, Partizipation und gemeinsamen Verantwortung aufbaut.

Solidarität und Gemeinschaftsgefühl sind die tragenden Säulen einer politikfreien Welt, wo die Menschen nicht nur nebeneinander existieren, sondern sich in einem tiefen Geflecht der Verbundenheit wissen. Hier wird das Wohl des Einzelnen untrennbar mit dem Wohl aller verknüpft, und Solidarität wird zu einem lebendigen Prinzip, das die Grundfesten der Gesellschaft durchdringt.

In dieser Welt ist Solidarität nicht nur ein abstrakter Begriff, sondern ein gelebtes Prinzip, das in den Alltag integriert ist. Die Menschen erkennen an, dass sie Teil eines größeren Ganzen sind, und dass das Glück und Wohlergehen eines Einzelnen direkt mit dem Wohlbefinden der gesamten Gemeinschaft verbunden sind. Solidarität wird zu einer treibenden Kraft, die sich in Handlungen der Unterstützung, Empathie und kollektiven Verantwortung äußert.

Das Gemeinschaftsgefühl durchzieht sämtliche Aspekte des Lebens. Lokale Räte und Versammlungen sind nicht nur Orte der Entscheidungsfindung, sondern auch Zentren des Austauschs und der Unterstützung. In dieser Atmosphäre der Gemeinschaft werden individuelle Erfolge gefeiert und Herausforderungen gemeinsam bewältigt. Jeder Einzelne fühlt sich nicht nur als Mitglied einer Gemeinschaft, sondern als aktiver Gestalter und Empfänger von Unterstützung.

Wirtschaftliche Entscheidungen basieren auf dem Prinzip der gerechten Verteilung und gegenseitigen Hilfe. Genossenschaften und kooperative Unternehmen werden zu Modellen wirtschaftlicher Solidarität, bei denen Gewinne nicht auf Kosten anderer, sondern zum Wohl der gesamten Gemeinschaft generiert werden. Diese wirtschaftliche Solidarität schafft nicht nur finanzielle Stabilität, sondern fördert auch ein Gefühl des Zusammenhalts und der Gleichheit.

Das Bildungssystem wird zu einem Instrument der gemeinsamen Entfaltung. Solidarität manifestiert sich in der Förderung von Chancengleichheit und der Anerkennung der Vielfalt individueller Begabungen. Bildung wird nicht als Mittel zur individuellen Konkurrenz, sondern als Weg zur kollektiven Stärkung betrachtet. Das Wissen wird geteilt, und Talente werden zum Wohl der Gemeinschaft eingesetzt.

Kulturelle Veranstaltungen und künstlerische Projekte werden nicht nur als Ausdruck individueller Kreativität, sondern auch als kollektive Feier der Vielfalt verstanden. Das Gemeinschaftsgefühl wird durch den Austausch von Geschichten, Bräuchen und Traditionen genährt, und kulturelle Aktivitäten werden zu Bindemitteln, die die Menschen zusammenbringen.

In dieser politikfreien Welt ist Solidarität nicht nur eine

Reaktion auf Krisen, sondern eine kontinuierliche Praxis, die das tägliche Miteinander prägt. Es ist ein Bewusstsein, dass die Gemeinschaft als Ganzes nur dann stark ist, wenn jeder Einzelne unterstützt wird. Solidarität und Gemeinschaftsgefühl werden so zu den Triebfedern einer Gesellschaft, die auf den Grundwerten der Zusammenarbeit, Empathie und kollektiven Verantwortung aufbaut.

In diesem zweiten Kapitel werden Sie Zeugen einer Gesellschaft, in der soziale Organisation nicht mehr von politischen Vorgaben, sondern von gemeinsamen Werten, direkter Partizipation und einem tiefen Sinn für gemeinschaftliche Verantwortung geprägt ist. Eine Welt, in der die Kraft der Gemeinschaft die Grundlage für ein Gleichgewicht zwischen individueller Freiheit und kollektiver Verantwortung bildet.

KAPITEL 3: RECHTSSYSTEME UND KONFLIKTLÖSUNG

In diesem Kapitel werden Sie in eine Welt des Rechts eintauchen, die nicht nur auf Kontrolle und Strafe beruht, sondern auf den Werten der Partizipation, Gleichheit und Dialog. Es ist eine Welt, in der die Rechtsprechung nicht von oben verordnet wird, sondern aus der kollektiven Weisheit und Verantwortung einer jeden Einzelnen herauswächst.

In der politikfreien Welt spiegelt das Rechtssystem die grundlegenden Prinzipien der Gleichberechtigung, Gemeinschaft und Selbstverwaltung wider. Die Strukturen der Rechtsprechung und die Methoden der Konfliktlösung sind nicht nur Instrumente der Ordnung, sondern auch Ausdruck einer tief verwurzelten Kultur des Dialogs, der Fairness und der gemeinsamen Verantwortung. Die Rechtssysteme dieser Welt sind auf den Prinzipien der Gleichheit und Gerechtigkeit aufgebaut. Gesetze sind nicht nur Mittel zur Kontrolle, sondern Ausdruck der kollektiven Werte und Normen der Gemeinschaft. Sie werden von den Mitgliedern selbst entwickelt, wobei jeder Einzelne das Recht hat, an diesem Prozess teilzunehmen. Das Rechtssystem ist nicht hierarchisch strukturiert, sondern dezentralisiert, wodurch lokale Räte oder Versammlungen eine Schlüsselrolle in der Gesetzgebung spielen. Die partizipative Gesetzgebung ist ein Schlüsselaspekt der rechtlichen Strukturen in einer politikfreien Welt, wo das Recht nicht von einer abstrakten Elite, sondern von der breiten Gemeinschaft geformt wird. Dieser Ansatz betont das grundlegende Prinzip der Gleichberechtigung und ermöglicht es jedem Mitglied, aktiv an der Entwicklung und Veränderung von Gesetzen teilzunehmen. In einem partizipativen Gesetzgebungssystem dienen lokale Räte oder Versammlungen als entscheidende Foren für Diskussionen, Vorschläge und Abstimmungen. Hier kommen die Mitglieder zusammen, um Gesetze zu erarbeiten, zu überarbeiten oder aufzuheben. Der Prozess zeichnet sich durch Offenheit und Transparenz aus, wobei jedes Mitglied das Recht hat, Vorschläge einzubringen und seine Meinung zu äußern. Die Vielfalt der Perspektiven wird aktiv gefördert, und der Fokus liegt auf der Konsensfindung. Dies bedeutet nicht nur, dass Entscheidungen auf breiter Zustimmung beruhen, sondern auch, dass Raum für Diskussionen und Anpassungen geschaffen wird, um die Bedürfnisse und Überzeugungen aller Mitglieder angemessen zu berücksichtigen. Der partizipative Prozess fördert somit nicht nur die aktive Beteiligung, sondern auch die Entwicklung von Gesetzen, die die kollektiven Werte und Normen der Gemeinschaft widerspiegeln. Die Technologie spielt eine entscheidende Rolle in diesem Prozess. Online-Plattformen ermöglichen es den Mitgliedern, Gesetzesvorschläge einzubringen, an Diskussionen teilzunehmen und an Abstimmungen teilzunehmen, unabhängig von ihrem physischen Standort. Diese digitalen Foren stärken nicht nur die Partizipation, sondern fördern auch die Transparenz, indem sie Einblick in den gesamten Gesetzgebungsprozess gewähren.

Die partizipative Gesetzgebung ist nicht nur ein Mittel zur Gesetzesentwicklung; sie ist eine kulturelle Praxis, die auf dem Prinzip beruht, dass jedes Mitglied das Recht und die Verantwortung hat, am Prozess der Gesetzgebung teilzunehmen. In einer Welt, in der die Menschen selbst die Architekten ihrer rechtlichen Strukturen sind, entsteht ein tieferes Verständnis für die Notwendigkeit von Gesetzen, die nicht nur Kontrolle ausüben, sondern das Wohl der gesamten Gemeinschaft fördern. Partizipative Gesetzgebung wird so zu einem zentralen Element einer lebendigen Demokratie, in der die Stimmen aller gehört werden und Gesetze das Resultat einer kollektiven Weisheit sind. Die dezentralisierte Rechtsprechung bildet das Rückgrat der rechtlichen Strukturen in einer politikfreien Welt, die auf den Grundprinzipien der Selbstverwaltung, Gleichberechtigung und Gemeinschaft beruht. Dieser Ansatz zeichnet sich durch eine Verteilung der juristischen Befugnisse auf lokale Ebenen aus und betont die Einbindung der Gemeinschaft in den Prozess der

Konfliktlösung.

In einem dezentralisierten Rechtssystem übernehmen selbstgewählte Richter oder Mediatoren auf lokaler Ebene eine zentrale Rolle. Diese Personen sind keine externen Experten, sondern Mitglieder der Gemeinschaft, die durch Schulungen und Erfahrungen in der Konfliktlösung qualifiziert sind. Die Auswahl erfolgt oft aufgrund ihrer moralischen Integrität und ihrer Fähigkeit, die Werte und Normen der Gemeinschaft zu verstehen.

Die dezentralisierte Rechtsprechung ist an lokale Normen und Werte gebunden. Jeder Fall wird auf Basis der spezifischen Kontexte und Bedürfnisse der Gemeinschaft bewertet. Dieser Ansatz gewährleistet nicht nur eine authentische und maßgeschneiderte Rechtsprechung, sondern fördert auch ein tieferes Verständnis der lokalen Kultur und Traditionen.

Der Prozess der Konfliktlösung ist weniger formal und prozessintensiv als in zentralisierten Systemen. Die beteiligten Parteien werden dazu ermutigt, aktiv am Dialog teilzunehmen und in einem gemeinsamen Bemühen um eine faire Lösung zusammenzuarbeiten. Die Entscheidungen basieren nicht nur auf rechtlichen Normen, sondern integrieren auch soziale und moralische Überlegungen.

Wiedergutmachung und restaurative Gerechtigkeit stehen im Mittelpunkt der dezentralisierten Rechtsprechung. Es geht nicht nur darum, Bestrafung zu vollziehen, sondern auch darum, Schaden wieder gut zu machen und Beziehungen in der Gemeinschaft zu restaurieren. Täter haben die Möglichkeit, Verantwortung zu übernehmen und durch Handlungen zur Wiedergutmachung beizutragen.

Die dezentralisierte Rechtsprechung berücksichtigt die Bedeutung von Bildung und Prävention. Programme, die darauf abzielen, Konflikte frühzeitig zu erkennen und zu lösen, werden aktiv gefördert. Bildung über Rechte und Verantwortlichkeiten ist integraler Bestandteil des Gemeinschaftslebens und trägt dazu bei, das Bewusstsein für ethische Prinzipien zu stärken.

In einer Welt mit dezentralisierter Rechtsprechung wird das Recht nicht als externe Kontrollinstanz wahrgenommen, sondern als lebendiger Ausdruck der kollektiven Weisheit und Verantwortung einer Gemeinschaft. Es ist ein Modell, das auf Vertrauen,

Partizipation und lokaler Identität aufbaut, wodurch die Rechtsprechung nicht nur als Mittel zur Konfliktlösung, sondern als integrativer Bestandteil des sozialen Gefüges verstanden wird. Die Konfliktlösung durch Dialog steht im Zentrum der rechtlichen Strukturen einer politikfreien Welt, die auf Prinzipien der Gleichberechtigung, Gemeinschaft und Selbstverwaltung beruht. Dieser Ansatz betont nicht nur die Bedeutung des offenen Austauschs, sondern auch die kollektive Verantwortung für die Bewältigung von Konflikten in einer Weise, die auf Respekt und Verständigung basiert.

In einem solchen System dienen lokale Räte oder Versammlungen als Plattformen für den Dialog, wo Konflikte nicht vorwiegend vor Gericht, sondern in einem informellen, partizipativen Rahmen behandelt werden. Der Fokus liegt darauf, die beteiligten Parteien zu ermutigen, ihre Anliegen offen zu teilen und gemeinsam nach Lösungen zu suchen.

Der Dialogprozess beginnt oft mit einer moderierten Diskussion, in der die verschiedenen Perspektiven und Standpunkte beleuchtet werden. Dies fördert nicht nur das Verständnis der Konfliktursachen, sondern stärkt auch die Kommunikation zwischen den Beteiligten. Die Gemeinschaft als Ganzes ist in diesen Diskussionen involviert und unterstützt aktiv den Prozess der Konfliktlösung.

Entscheidend ist, dass der Dialog auf Konsensfindung abzielt. Die beteiligten Parteien werden ermutigt, gemeinsam tragfähige Lösungen zu erarbeiten, die auf den Bedürfnissen und Werten aller Beteiligten basieren. Dieser partizipative Ansatz fördert nicht nur die Eigenverantwortung der Konfliktparteien, sondern stärkt auch das Gefühl von Gleichberechtigung und Zusammengehörigkeit.

Die Technologie spielt eine unterstützende Rolle, indem sie Möglichkeiten zur Erleichterung des Dialogs bietet. Virtuelle Plattformen ermöglichen es den Mitgliedern, unabhängig von ihrem physischen Standort an Diskussionen teilzunehmen. Dadurch wird nicht nur die Partizipation erleichtert, sondern auch die Transparenz im Prozess der Konfliktlösung gestärkt.

Ein besonderes Merkmal der Konfliktlösung durch Dialog ist die Fokussierung auf restaurative Gerechtigkeit. Statt sich ausschließlich auf Bestrafung zu konzentrieren, liegt der Schwerpunkt darauf, die Schäden zu reparieren und die Beziehungen zwischen den Konfliktparteien wiederherzustellen. Täter haben die Möglichkeit, durch Handlungen zur Wiedergutmachung einen Beitrag zur Lösung des Konflikts zu leisten.

In einer Welt, in der Konflikte nicht als Zeichen von Schwäche, sondern als Gelegenheit für Wachstum und Veränderung betrachtet werden, wird der Dialog zu einem grundlegenden Prinzip der Konfliktlösung. Dieser Ansatz fördert nicht nur die individuelle Entwicklung, sondern stärkt auch die sozialen Bindungen und das Vertrauen innerhalb der Gemeinschaft. Konfliktlösung durch Dialog wird somit zu einem integralen Bestandteil einer lebendigen, selbstverwalteten Gesellschaft.

Wiedergutmachung und restaurative Gerechtigkeit bilden das Herzstück der rechtlichen Prinzipien in einer politikfreien Welt, die auf den Grundwerten von Gemeinschaft, Selbstverwaltung und Gleichberechtigung basiert. Im Zentrum dieses Ansatzes steht nicht nur die Bestrafung von Tätern, sondern vielmehr die Wiederherstellung von Harmonie und Beziehungen innerhalb der Gemeinschaft.

Wiedergutmachung geht über den traditionellen Strafgedanken hinaus, indem sie die Idee vorantreibt, dass Täter nicht nur für ihre Handlungen Verantwortung übernehmen, sondern auch aktiv dazu beitragen sollten, den entstandenen Schaden zu reparieren. Dieser Schaden kann sowohl materieller als auch immaterieller Natur sein, und die Wiedergutmachung wird als eine Möglichkeit betrachtet, das Gleichgewicht wiederherzustellen.

Die restaurative Gerechtigkeit konzentriert sich darauf, Beziehungen innerhalb der Gemeinschaft wiederherzustellen, die durch Konflikte oder Straftaten beeinträchtigt wurden. Im Gegensatz zu einem auf Bestrafung ausgerichteten System betont die restaurative Gerechtigkeit den Dialog und die Versöhnung. Die betroffenen Parteien, einschließlich des Täters, des Opfers und der Gemeinschaft, kommen zusammen, um über die Folgen der Tat zu sprechen und gemeinsam nach Lösungen zu suchen.

In diesem Ansatz haben Täter die Möglichkeit, ihre

Verantwortung anzuerkennen, Reue zu zeigen und aktiv zur Wiedergutmachung beizutragen. Dies kann durch verschiedene Handlungen geschehen, von der finanziellen Entschädigung bis hin zu gemeinnütziger Arbeit oder anderen Maßnahmen, die darauf abzielen, den Schaden zu kompensieren. Diese Form der Gerechtigkeit basiert auf der Überzeugung, dass die Wiederherstellung von Beziehungen und die persönliche Entwicklung der Beteiligten langfristig mehr zur Gemeinschaft beitragen als reine Strafmaßnahmen.

Die restaurative Gerechtigkeit geht Hand in Hand mit einem kulturellen Wandel, der darauf abzielt, Konflikte nicht als unvermeidliche Brüche, sondern als Chancen für Heilung und Wachstum zu sehen. Durch den Fokus auf die Wiedergutmachung und die Wiederherstellung von Beziehungen wird eine Atmosphäre geschaffen, die auf Verständnis, Empathie und kollektiver Verantwortung basiert.

In einer politikfreien Welt wird Wiedergutmachung nicht nur als eine isolierte Handlung betrachtet, sondern als integrierter Bestandteil eines umfassenden Systems der Gerechtigkeit. Dieser Ansatz fördert nicht nur individuelle Veränderung, sondern stärkt auch das Gewebe sozialer Beziehungen und trägt zu einer Gemeinschaft bei, die auf Prinzipien der Versöhnung und der gemeinsamen Verantwortung aufbaut.

Die Verbindung von Technologie und Transparenz im Rechtssystem einer politikfreien Welt spielt eine zentrale Rolle bei der Schaffung einer offenen, zugänglichen und gerechten juristischen Umgebung. Dieser integrative Ansatz basiert auf den Prinzipien der Gleichberechtigung, Selbstverwaltung und kollektiven Verantwortung und nutzt technologische Instrumente, um Transparenz zu fördern.

Digitale Zugänglichkeit von Gesetzen und Entscheidungen: Technologie wird genutzt, um Gesetze, Urteile und andere rechtliche Dokumente digital zugänglich zu machen. Online-Plattformen bieten Mitgliedern der Gemeinschaft die Möglichkeit, Gesetze zu lesen, zu verstehen und zu kommentieren. Dieser digitale Zugang zu rechtlichen Informationen stärkt die Transparenz, da die Gesetze nicht nur für Spezialisten, sondern für alle Mitglieder verständlich werden.

Elektronische Plattformen für Transparenz: Durch die Schaffung elektronischer Plattformen wird Transparenz im gesamten Rechtssystem gefördert. Mitglieder können den Fortschritt von Rechtsfällen online verfolgen, Einblick in Gerichtsentscheidungen erhalten und auf eine umfassende Darstellung des rechtlichen Geschehens zugreifen. Dies schafft nicht nur Vertrauen in das System, sondern ermöglicht auch eine breitere Partizipation der Gemeinschaft.

Live-Übertragungen von Gerichtsverhandlungen: Technologische Innovationen ermöglichen Live-Übertragungen von Gerichtsverhandlungen. Dieser Ansatz fördert nicht nur Transparenz, sondern ermöglicht es auch der breiten Öffentlichkeit, direkt am juristischen Prozess teilzunehmen. Bürgerinnen und Bürger können Gerichtsverhandlungen verfolgen, ohne physisch anwesend zu sein, und so ein tieferes Verständnis für den rechtlichen Prozess entwickeln.

Blockchain-Technologie für Authentizität und Verfolgbarkeit: Die Blockchain-Technologie wird eingesetzt, um Authentizität und Verfolgbarkeit von rechtlichen Dokumenten zu gewährleisten. Dadurch werden Urteile, Gesetze und andere wichtige rechtliche Aufzeichnungen sicher und manipulationssicher archiviert. Dies trägt dazu bei, das Vertrauen in die Integrität des Rechtssystems zu stärken.

Kollaborative Online-Plattformen für Gesetzesentwicklung: Technologische Instrumente erleichtern kollaborative Online-Plattformen, auf denen Gesetzesentwicklung stattfinden kann. Mitglieder der Gemeinschaft können Vorschläge einbringen, Änderungen diskutieren und in einem transparenten Prozess zu neuen Gesetzen beitragen. Dies fördert nicht nur die Partizipation, sondern auch die Transparenz in der Entstehung von Gesetzen.

Digitale Kommunikation für Konsultationen und Feedback: Technologie erleichtert digitale Kommunikation für Konsultationen und Feedback. Die Gemeinschaft kann aktiv in den Rechtsprozess eingebunden werden, indem sie online Feedback zu vorgeschlagenen Gesetzen gibt oder an öffentlichen Diskussionen teilnimmt. Dies fördert Transparenz und stärkt das Gefühl der gemeinschaftlichen Mitwirkung am Rechtssystem.

Die Verbindung von Technologie und Transparenz im Rechtssystem einer politikfreien Welt schafft eine dynamische, partizipative und offene juristische Umgebung. Durch den Einsatz digitaler Instrumente wird nicht nur der Zugang zu rechtlichen Informationen erleichtert, sondern auch die Gemeinschaft aktiv in den Prozess der Gesetzesentwicklung und -anwendung eingebunden. Dies trägt nicht nur zur Verständlichkeit des Rechtssystems bei, sondern fördert auch das Vertrauen und die aktive Beteiligung der Gemeinschaft.

KAPITEL 4: WIRTSCHAFTSSYSTEME

Dieses Kapitel beleuchtet die Grundlagen eines Wirtschaftssystems, das auf Prinzipien der Selbstverwaltung, Nachhaltigkeit und sozialen Gerechtigkeit aufbaut. Es zeigt, wie ein Wirtschaftsmodell ohne politische Hierarchien dazu beitragen kann, die Bedürfnisse der Gemeinschaft zu befriedigen, die Umwelt zu schützen und die Teilhabe der Menschen am wirtschaftlichen Prozess zu fördern.

In einer Welt ohne Politik, die auf Prinzipien der Selbstverwaltung, Gleichberechtigung und kollektiven Verantwortung basiert, erlebt auch das Wirtschaftssystem eine radikale Neudefinition. Dieses Kapitel erforscht die Grundlagen eines Wirtschaftsmodells, das nicht nur auf ökonomischem Wohlstand, sondern auch auf sozialer Gerechtigkeit, Nachhaltigkeit und Gemeinschaftsaufbau abzielt. Die selbstverwalteten Wirtschaftsgemeinschaften bilden das Herzstück eines innovativen Wirtschaftsmodells in einer politikfreien Welt. Dieser Ansatz revolutioniert die herkömmliche Hierarchie von Unternehmensstrukturen und setzt auf kollektive Entscheidungsfindung, Gleichberechtigung und direkte Partizipation der Arbeitskräfte.

In diesen Gemeinschaften sind Betriebe und Produktionsstätten nicht von externen Managern geleitet, sondern von den Menschen vor Ort kooperativ geführt. Entscheidungen über Produktion, Ressourcenverteilung und Investitionen erfolgen auf Basis demokratischer Prozesse, bei denen jedes Mitglied eine Stimme hat. Dies schafft nicht nur ein Gefühl der Eigenverantwortung, sondern fördert auch eine tiefgreifende Identifikation der Arbeitskräfte mit den Zielen und Werten des Unternehmens.

Die Selbstverwaltung erstreckt sich über alle Ebenen der wirtschaftlichen Entscheidungsfindung. Dies umfasst die Festlegung von Arbeitsbedingungen, die Bestimmung von Löhnen, die Auswahl von Geschäftspartnern und sogar die Definition von langfristigen Unternehmenszielen. Durch diesen partizipativen Ansatz wird nicht nur die Bürokratie minimiert, sondern es entsteht auch ein Umfeld, das Kreativität, Innovation und Zusammenarbeit fördert.

Ein wesentliches Merkmal selbstverwalteter Wirtschaftsgemeinschaften ist die Aufhebung der traditionellen Arbeitgeber-Arbeitnehmer-Dichotomie. Jedes Mitglied wird als gleichwertiger Beitragende angesehen und genießt gleiche Rechte und Mitspracherechte. Dies führt zu einem grundlegenden Wandel der Arbeitskultur, in der die Trennlinien zwischen Management und Mitarbeitern verschwimmen und eine Atmosphäre der Zusammenarbeit und Solidarität entsteht.

Die Selbstverwaltung erstreckt sich nicht nur auf die inneren Angelegenheiten der Gemeinschaft, sondern auch auf ihre Beziehungen zur umliegenden Gesellschaft. Diese Gemeinschaften streben Kooperationen an, sowohl auf lokaler als auch globaler Ebene, um Ressourcen effizient zu nutzen und den Austausch von Waren und Dienstleistungen zu fördern. Die Transparenz in Entscheidungsprozessen schafft Vertrauen, nicht nur innerhalb der Gemeinschaft, sondern auch bei externen Partnern und Kunden.

Diese innovative Form der Wirtschaftsführung betont nicht nur ökonomische Effizienz, sondern auch soziale Gerechtigkeit und Nachhaltigkeit. Die Menschen in selbstverwalteten Wirtschaftsgemeinschaften streben danach, sowohl ihre eigenen Bedürfnisse als auch die ihrer Mitglieder und der umliegenden Gesellschaft zu erfüllen. Insgesamt repräsentieren selbstverwaltete Wirtschaftsgemeinschaften einen radikalen Paradigmenwechsel, der zeigt, dass wirtschaftlicher Erfolg und soziale Verantwortung Hand in Hand gehen können.

Das Kapitel über lokale und nachhaltige Produktion beleuchtet eine transformative Verschiebung von globalisierten Lieferketten hin zu einem Wirtschaftsmodell, das auf regionaler Selbstversorgung, Umweltbewusstsein und sozialer

Verantwortung basiert. In einer politikfreien Welt wird die lokale und nachhaltige Produktion zu einem Eckpfeiler, der nicht nur ökonomischen Wohlstand, sondern auch ökologische Integrität und soziale Gerechtigkeit fördert.

Die lokale Produktion setzt den Fokus darauf, die Grundbedürfnisse einer Gemeinschaft vor Ort zu decken. Gemeinschaften werden ermutigt, ihre eigenen Ressourcen zu nutzen und lokale Wirtschaftskreisläufe zu stärken. Dies schafft nicht nur eine höhere Resilienz gegenüber externen Schocks, sondern fördert auch eine tiefere Verbindung zwischen Produzenten und Verbrauchern.

Nachhaltigkeit steht im Zentrum dieses Produktionsmodells. Ressourcen werden verantwortungsbewusst genutzt, und die Umweltauswirkungen werden minimiert. Technologische Innovationen werden gezielt eingesetzt, um umweltfreundliche Produktionsmethoden zu fördern, sei es durch erneuerbare Energiequellen, effiziente Recyclingprozesse oder den Einsatz umweltschonender Materialien.

Die lokale und nachhaltige Produktion strebt nicht nur ökonomischen Gewinn an, sondern auch soziale Gerechtigkeit. Kleinbauern, Handwerker und lokale Unternehmen werden gestärkt und spielen eine zentrale Rolle in der Wirtschaftslandschaft. Dies fördert nicht nur die Vielfalt von Produkten, sondern auch eine breitere Verteilung von Wohlstand innerhalb der Gemeinschaft.

Ein entscheidendes Merkmal dieses Modells ist die Betonung von Qualität gegenüber Quantität. Die Produktion richtet sich nach den Bedürfnissen der Gemeinschaft und nicht nach einem unbegrenzten Streben nach Wachstum. Dadurch werden Überproduktion und verschwenderischer Ressourcenverbrauch minimiert, was zu einer insgesamt effizienteren Nutzung von Ressourcen führt.

Der Einsatz von Technologie in diesem Kontext dient dazu, lokale Produzenten zu stärken und den Zugang zu Märkten zu erleichtern. Online-Plattformen und digitale Vertriebskanäle ermöglichen es lokalen Produzenten, ihre Produkte einem breiteren Publikum vorzustellen und den Austausch zwischen Gemeinschaften zu fördern.

Insgesamt repräsentiert die lokale und nachhaltige Produktion eine radikale Abkehr von der entfremdeten, globalisierten Wirtschaft hin zu einem Modell, das die Bedürfnisse der Menschen und der Umwelt in den Mittelpunkt stellt. Dieser Ansatz fördert nicht nur die ökologische Nachhaltigkeit, sondern schafft auch eine wirtschaftliche Landschaft, die auf den Prinzipien der Selbstversorgung, Vielfalt und sozialen Gerechtigkeit beruht.

Im Kontext einer politikfreien Welt wird das Kapitel über Ressourcenmanagement und Gemeinschaftswohl zu einem Leitfaden für eine nachhaltige und verantwortungsbewusste Nutzung von Ressourcen zum Wohle der gesamten Gemeinschaft. Dieser Ansatz revolutioniert die Art und Weise, wie Gesellschaften mit natürlichen und menschlichen Ressourcen umgehen, indem er auf Gleichberechtigung, Transparenz und langfristige Nachhaltigkeit setzt.

Das Ressourcenmanagement in dieser Perspektive geht über die bloße Verteilung von Ressourcen hinaus; es strebt an, ein Gleichgewicht zwischen ökonomischem Fortschritt, ökologischer Integrität und sozialer Gerechtigkeit zu schaffen. Die Gemeinschaft spielt eine aktive Rolle bei der Festlegung von Prioritäten und Strategien für die Ressourcennutzung, wodurch sicherstellt wird, dass die Bedürfnisse aller berücksichtigt werden.

Eine Grundlage dieses Ansatzes ist die Förderung von erneuerbaren Ressourcen und umweltfreundlichen Produktionsmethoden. Die Gemeinschaft setzt auf Technologien, die einen nachhaltigen Umgang mit Energie, Wasser und anderen natürlichen Ressourcen ermöglichen. Dies nicht nur zum Wohle der Umwelt, sondern auch zur Sicherung lebenswichtiger Ressourcen für kommende Generationen.

Die Entscheidungsprozesse im Ressourcenmanagement sind offen und transparent. Digitale Plattformen ermöglichen es den Gemeinschaftsmitgliedern, aktiv an Diskussionen und Entscheidungen teilzunehmen. Dies fördert nicht nur die demokratische Beteiligung, sondern auch ein tieferes Verständnis für die komplexen Zusammenhänge zwischen Ressourcennutzung, ökonomischem Wohlstand und sozialem

Gemeinschaftswohl.

Eine zentrale Idee dieses Ansatzes ist die gerechte Verteilung von Ressourcen. Gemeinschaften streben an, sicherzustellen, dass jeder Zugang zu den grundlegenden Ressourcen hat, die für ein menschenwürdiges Leben erforderlich sind. Dies schließt den Zugang zu Nahrung, sauberem Wasser, Bildung und Gesundheitsversorgung ein, wodurch die Grundlage für ein gerechtes und ausgeglichenes Gemeinschaftsleben gelegt wird.

Das Ressourcenmanagement betrachtet nicht nur natürliche Ressourcen, sondern auch menschliche Potenziale als wertvolle Ressourcen. Bildung und berufliche Entwicklung werden gezielt gefördert, um sicherzustellen, dass die Fähigkeiten und Talente aller Mitglieder optimal genutzt werden können. Eine umfassende Entwicklung der Gemeinschaft steht im Mittelpunkt dieses Ansatzes, der darauf abzielt, die Lebensqualität für alle zu verbessern.

Insgesamt repräsentiert das Ressourcenmanagement zum Gemeinschaftswohl einen innovativen Ansatz, der das Gleichgewicht zwischen menschlichen, natürlichen und wirtschaftlichen Ressourcen sucht. Dieser Ansatz stärkt nicht nur die Resilienz von Gemeinschaften, sondern schafft auch eine nachhaltige Grundlage für das Wohlbefinden aller Mitglieder.

Die Transformation des Finanzwesens in Richtung Gemeinschaftsbanken und Finanzdemokratie steht im Mittelpunkt einer innovativen wirtschaftlichen Landschaft in einer politikfreien Welt. Hier beleuchten wir die Grundlagen eines Finanzsystems, das nicht nur auf Profitmaximierung abzielt, sondern vor allem auf Gemeinschaftswohl, Gleichberechtigung und demokratische Entscheidungsfindung.

Gemeinschaftsbanken, im Gegensatz zu konventionellen Banken, sind von der Gemeinschaft selbst geführt. Die Mitglieder haben direkten Einfluss auf Entscheidungen über Kredite, Investitionen und andere finanzielle Angelegenheiten. Durch demokratische Strukturen können die Gemeinschaften kollektiv festlegen, welche wirtschaftlichen Projekte unterstützt werden und wie die finanziellen Ressourcen am besten für das Gemeinwohl eingesetzt werden können.

Die Finanzdemokratie, die in diesem Modell verankert

ist, sorgt dafür, dass alle Mitglieder einer Gemeinschaft gleiche Mitspracherechte in finanziellen Angelegenheiten haben. Jeder hat das Recht, Vorschläge einzubringen, über Budgets abzustimmen und somit aktiv am wirtschaftlichen Entscheidungsprozess teilzunehmen. Dies fördert nicht nur die Transparenz, sondern stärkt auch das Vertrauen in das Finanzsystem.

Ein wesentlicher Aspekt von Gemeinschaftsbanken ist ihre Fokussierung auf lokale Bedürfnisse. Diese Banken dienen nicht nur als Finanzdienstleister, sondern auch als Instrumente zur Förderung lokaler Projekte, Unternehmertum und sozialer Initiativen. Kredite werden nicht ausschließlich aufgrund von Profitabilität vergeben, sondern auch aufgrund ihres Beitrags zum Gemeinwohl und zur nachhaltigen Entwicklung.

Finanzbildung wird in diesem Kontext als Schlüsselelement betrachtet. Die Mitglieder werden dazu ermutigt, ein tiefes Verständnis für finanzielle Angelegenheiten zu entwickeln, um fundierte Entscheidungen über Investitionen und Kredite zu treffen. Schulungen und Workshops fördern nicht nur das finanzielle Bewusstsein, sondern stärken auch die Fähigkeiten zur demokratischen Teilnahme am Finanzsystem.

Die Gemeinschaftsbanken nutzen Technologie, um den Zugang zu Finanzdienstleistungen zu erleichtern und gleichzeitig die Mitbestimmung zu fördern. Online-Plattformen ermöglichen es Mitgliedern, ihre finanziellen Angelegenheiten digital zu verwalten, an Abstimmungen teilzunehmen und auf Transparenz bezüglich der Bankaktivitäten zuzugreifen.

Zusammengefasst stellt die Einführung von Gemeinschaftsbanken und Finanzdemokratie einen Paradigmenwechsel dar, der das Finanzsystem von einer hierarchischen Struktur zu einem demokratischen und gemeinschaftsorientierten Modell führt. Dieser Ansatz trägt dazu bei, finanzielle Ressourcen gerechter zu verteilen, lokale Initiativen zu stärken und das Wirtschaftssystem auf eine Grundlage des Gemeinwohls zu stellen.

Die Einführung kooperativer Wirtschaftsstrukturen markiert einen fundamentalen Wandel in der Art und Weise, wie Unternehmen und wirtschaftliche Einheiten organisiert sind. In einer politikfreien Welt strebt dieses Kapitel danach, traditionelle hierarchische Modelle durch gemeinschaftliche und partizipative Ansätze zu ersetzen, die auf Gleichberechtigung, Solidarität und demokratischer Mitbestimmung basieren.

Kooperative Unternehmen sind von Natur aus auf demokratischen Prinzipien aufgebaut, bei denen die Mitarbeiterinnen und Mitarbeiter gemeinsam Entscheidungen treffen. Die Arbeitskräfte haben nicht nur das Recht, sondern auch die Pflicht, an strategischen Entscheidungen teilzunehmen, angefangen von Produktionsmethoden bis hin zu Unternehmenszielen. Diese kollektive Mitbestimmung fördert nicht nur ein Gefühl der Eigenverantwortung, sondern schafft auch eine Arbeitsumgebung, die von Zusammenarbeit und Solidarität geprägt ist.

Die Gewinne und Verluste werden in kooperativen Strukturen gemeinschaftlich getragen. Anstatt dass einige wenige von den Gewinnen profitieren, teilen alle Mitglieder, unabhängig von ihrer Position im Unternehmen, gleichermaßen am Erfolg teil. Dies trägt nicht nur zu einer gerechteren Verteilung von Wohlstand bei, sondern schafft auch ein starkes Gefühl der Zugehörigkeit und Identifikation mit dem Unternehmen.

Kooperative Wirtschaftsstrukturen streben danach, eine breite Beteiligung der Mitglieder zu fördern, unabhängig von ihrem wirtschaftlichen Status oder ihrer beruflichen Position. Dies trägt dazu bei, soziale Ungleichheiten zu minimieren und schafft eine Plattform, auf der Diversität und Vielfalt geschätzt werden. Durch eine inklusive und gleichberechtigte Beteiligung wird eine umfassendere und ausgewogenere Entscheidungsfindung ermöglicht.

Ein zentrales Merkmal kooperativer Wirtschaftsstrukturen ist ihre Ausrichtung auf soziale Verantwortung und Nachhaltigkeit. Unternehmen dieser Art streben nicht nur nach wirtschaftlichem Erfolg, sondern berücksichtigen auch die Auswirkungen ihrer Aktivitäten auf die Gemeinschaft und die Umwelt. Diese Ausrichtung führt zu ethischen Geschäftspraktiken und einem bewussten Streben nach sozialer und ökologischer Verträglichkeit.

Technologische Innovationen werden gezielt genutzt, um

die demokratischen Prozesse in kooperativen Strukturen zu unterstützen. Online-Plattformen ermöglichen eine effiziente Kommunikation und Abstimmung, unabhängig von geografischen Einschränkungen. Dies fördert eine verstärkte Partizipation und trägt dazu bei, die kollektive Intelligenz der Mitglieder zu nutzen.

Insgesamt repräsentieren kooperative Wirtschaftsstrukturen einen Weg zu einer inklusiven, demokratischen und sozial verantwortlichen Wirtschaft. Dieser Ansatz trägt nicht nur zu einer gerechteren Verteilung von Wohlstand bei, sondern fördert auch ein tieferes Verständnis für die kollektiven Interessen und Bedürfnisse der Mitglieder.

Die Bildung für Wirtschaftskompetenz und -ethik bildet das Fundament einer Gesellschaft, die nicht nur auf ökonomischem Erfolg, sondern auch auf ethischen Prinzipien und sozialer Verantwortung aufbaut. In einer politikfreien Welt wird Bildung als entscheidendes Werkzeug betrachtet, um Wirtschaftsakteure zu befähigen, nachhaltige und ethische Entscheidungen zu treffen.

Die Bildung in diesem Kontext erstreckt sich weit über traditionelle Lehrpläne hinaus. Sie strebt danach, Schülerinnen und Schüler nicht nur mit den technischen Fähigkeiten der Wirtschaft, sondern auch mit einem tiefen Verständnis für die sozialen und ethischen Dimensionen der Wirtschaft auszustatten. Das Ziel ist es, kritische Denkerinnen und Denker zu entwickeln, die fähig sind, ökonomische Herausforderungen zu analysieren und Lösungen zu finden, die das Gemeinwohl fördern. Ein Schlüsselelement dieser Bildungsinitiative ist die Förderung von Wirtschaftskompetenz. Die Lernenden sollen nicht nur die Grundlagen der Marktwirtschaft verstehen, sondern auch die Auswirkungen wirtschaftlicher Entscheidungen auf die Gesellschaft und die Umwelt bewerten können. Dies umfasst die Entwicklung von Finanzkompetenzen, unternehmerischen Fähigkeiten und einem Verständnis für nachhaltige Wirtschaftspraktiken.

Ethik spielt eine zentrale Rolle in diesem Bildungsansatz. Die Schülerinnen und Schüler werden dazu ermutigt, moralische und ethische Fragen im Kontext wirtschaftlicher Entscheidungen zu hinterfragen. Der Lehrplan umfasst Themen wie soziale Gerechtigkeit, Fair Trade, Unternehmensverantwortung und die Auswirkungen von wirtschaftlichem Handeln auf globale Gemeinschaften. Die Zielsetzung ist die Entwicklung von verantwortungsbewussten Wirtschaftsakteuren, die nicht nur ihre eigenen Interessen, sondern auch die Interessen anderer und kommender Generationen berücksichtigen.

Die Bildung für Wirtschaftskompetenz und -ethik wird praxisorientiert gestaltet. Schülerinnen und Schüler haben die Möglichkeit, reale wirtschaftliche Szenarien zu analysieren, Geschäftsmodelle zu entwerfen und nachhaltige Projekte umzusetzen. Dieser handlungsorientierte Ansatz fördert nicht nur die Anwendung des erworbenen Wissens, sondern stärkt auch die Fähigkeit der Lernenden, aktiv zur Gestaltung einer ethisch orientierten Wirtschaft beizutragen.

Lehrerinnen und Lehrer spielen eine entscheidende Rolle als Mentoren und Vorbilder. Sie unterstützen nicht nur den Wissenserwerb, sondern fördern auch die Entwicklung von ethischen Werten, Empathie und sozialer Verantwortung. Die Lehrkräfte sind darin geschult, komplexe wirtschaftsethische Themen zugänglich zu machen und kritische Denkfähigkeiten zu fördern.

Die Integration von Technologie in die Bildung für Wirtschaftskompetenz und -ethik ermöglicht eine breitere und leichtere Zugänglichkeit des Lehrmaterials. Digitale Plattformen bieten interaktive Lernressourcen, ermöglichen den Austausch von Ideen und fördern die Zusammenarbeit zwischen Schülerinnen und Schülern weltweit. Dies unterstützt nicht nur die Vernetzung von Wissensgemeinschaften, sondern auch die Sensibilisierung für globale wirtschaftliche Herausforderungen.

Zusammengefasst repräsentiert die Bildung für Wirtschaftskompetenz und -ethik einen entscheidenden Schritt in Richtung einer ganzheitlichen, ethischen Wirtschaft. Dieser Bildungsansatz zielt darauf ab, nicht nur Fachleute mit den erforderlichen Fähigkeiten auszubilden, sondern auch Bürgerinnen und Bürger, die sich ihrer Verantwortung für eine gerechte und nachhaltige Wirtschaft bewusst sind. In einer politikfreien Welt wird Technologie nicht nur als Mittel zum wirtschaftlichen Fortschritt betrachtet, sondern vor allem als Werkzeug zur Förderung von sozialem Wandel und kollektivem Wohlbefinden. Das Kapitel über Technologie für sozialen Fortschritt beleuchtet die transformative Rolle von Technologie in der Gestaltung einer gerechten und inklusiven Gesellschaft.

Die Digitalisierung wird gezielt eingesetzt, um sozialen Fortschritt zu fördern. Online-Plattformen und digitale Technologien ermöglichen es den Menschen, miteinander zu kommunizieren, Ideen auszutauschen und kollektive Entscheidungen zu treffen. Dies fördert nicht nur die Partizipation der Bürgerinnen und Bürger an demokratischen Prozessen, sondern stärkt auch die Zusammenarbeit innerhalb von Gemeinschaften.

Technologie dient dazu, den Zugang zu Bildung zu verbessern. Digitale Lernplattformen ermöglichen es Menschen weltweit, unabhängig von ihrer geografischen Lage, hochwertige Bildung zu erhalten. Dies trägt dazu bei, soziale Ungleichheiten zu verringern und Bildung für alle zugänglich zu machen.

Die Entwicklung von Technologien im Bereich erneuerbarer Energien fördert nachhaltige Praktiken und reduziert den ökologischen Fußabdruck. Solarenergie, Windkraft und andere umweltfreundliche Technologien werden gezielt eingesetzt, um die Abhängigkeit von fossilen Brennstoffen zu verringern und die Umweltauswirkungen zu minimieren.

Innovative Technologien spielen eine Schlüsselrolle bei der Schaffung fairer und transparenter Wirtschaftssysteme. Blockchain-Technologie ermöglicht beispielsweise sichere und dezentralisierte Transaktionen, die Finanzdemokratie fördern. Digitale Währungen können dazu beitragen, den Zugang zu finanziellen Dienstleistungen zu erweitern und gleichzeitig die Transparenz im Finanzwesen zu erhöhen.

Der Einsatz von Künstlicher Intelligenz (KI) wird darauf ausgerichtet, die Lebensqualität zu verbessern. Von intelligenten Verkehrssystemen über personalisierte Medizin bis hin zu effizienten Umweltüberwachungssystemen tragen KI-Anwendungen dazu bei, komplexe gesellschaftliche Herausforderungen zu bewältigen und innovative Lösungen zu entwickeln.

Die Technologie für sozialen Fortschritt achtet darauf, digitale Inklusion zu fördern und sicherzustellen, dass niemand von den Vorteilen der digitalen Ära ausgeschlossen wird. Initiativen zur digitalen Alphabetisierung und der Zugang zu erschwinglichen Technologien sind integraler Bestandteil dieser Bemühungen.

Die ethische Nutzung von Technologie steht im Mittelpunkt dieser Entwicklung. Datenschutz, Sicherheit und die Vermeidung von Diskriminierung durch Algorithmen sind zentrale Anliegen. Schulungen und Richtlinien werden entwickelt, um sicherzustellen, dass Technologie im Einklang mit sozialen Werten und Menschenrechten eingesetzt wird.

Zusammenfassend repräsentiert die Verknüpfung von Technologie und sozialem Fortschritt eine Schlüsselkomponente einer Gesellschaft, die darauf abzielt, die Lebensqualität für alle zu verbessern. Dieser Ansatz betont nicht nur die technologischen Innovationen selbst, sondern auch deren Ausrichtung auf die kollektiven Bedürfnisse und Werte der Gesellschaft.

In einer politikfreien Welt wird der Handel als Instrument zur Förderung von Fairness, Gleichberechtigung und sozialer Verantwortung gestaltet. Das Kapitel über Handel auf Basis von Fairness und Gleichberechtigung beleuchtet die transformative Rolle des Handels in der Schaffung einer gerechten Wirtschaftsordnung, die nicht nur wirtschaftliches Wachstum, sondern auch sozialen Fortschritt anstrebt.

Fairer Handel zielt darauf ab, die Ungleichheiten in den globalen Handelsbeziehungen zu überwinden. Die Grundprinzipien umfassen gerechte Löhne, angemessene Arbeitsbedingungen und den Ausschluss von Kinderarbeit. Durch fairen Handel sollen Produzentinnen und Produzenten in Entwicklungsregionen gestärkt werden, indem ihnen gerechte Entlohnung für ihre Arbeit und bessere Arbeitsbedingungen gewährleistet werden.

Gleichberechtigung spielt eine zentrale Rolle in dieser Form des Handels. Frauen und Männer sollen gleiche Chancen und Rechte im Handel haben. Initiativen fördern den Zugang von Frauen zu wirtschaftlichen Ressourcen, ihre Beteiligung an Entscheidungsprozessen und die Anerkennung ihrer Arbeit in den Wertschöpfungsketten.

Nachhaltigkeit ist ein wesentlicher Aspekt des Handels auf Basis von Fairness und Gleichberechtigung. Produkte, die nachhaltig hergestellt werden, erhalten besondere Aufmerksamkeit. Dies schließt den verantwortungsbewussten Umgang mit natürlichen Ressourcen, umweltfreundliche Produktionsmethoden und die Reduzierung des ökologischen Fußabdrucks ein.

Transparenz und ethisches Handeln sind Grundpfeiler dieser Handelspraktiken. Unternehmen werden ermutigt, ihre Lieferketten offenzulegen und sicherzustellen, dass Produkte unter fairen und nachhaltigen Bedingungen hergestellt werden. Diese Transparenz schafft Vertrauen bei den Verbraucherinnen und Verbrauchern und ermöglicht informierte Kaufentscheidungen.

Die Förderung lokaler Wirtschaften steht im Mittelpunkt dieses Ansatzes. Der Handel auf Basis von Fairness und Gleichberechtigung priorisiert lokale Produzentinnen und Produzenten, um die wirtschaftliche Entwicklung in Gemeinschaften zu stärken. Der Fokus liegt auf der Schaffung nachhaltiger Partnerschaften, die auf Respekt und Zusammenarbeit basieren.

Initiativen zur Schulung und Sensibilisierung spielen eine entscheidende Rolle, um sowohl Verbraucherinnen und Verbraucher als auch Unternehmen über die Prinzipien des fairen und gleichberechtigten Handels zu informieren. Diese Bildungsmaßnahmen fördern nicht nur das Bewusstsein, sondern tragen auch dazu bei, eine breite Unterstützung für eine gerechtere Handelspraxis zu schaffen.

Zusammengefasst repräsentiert der Handel auf Basis von Fairness und Gleichberechtigung einen Paradigmenwechsel in der Art und Weise, wie wirtschaftliche Beziehungen gestaltet werden. Dieser Ansatz strebt danach, Handel zu einem Instrument des sozialen Fortschritts und der globalen Gerechtigkeit zu machen, indem er fairere Arbeitsbedingungen, Gleichberechtigung und Umweltschutz in den Mittelpunkt stellt.

KAPITEL 5: BILDUNG OHNE POLITISCHE EINFLUSSNAHME

Im Zentrum dieses Kapitels steht die Vision einer Bildung, die frei von politischer Einflussnahme ist. Dieser Ansatz basiert auf dem Gedanken, dass Bildung ein Grundrecht ist, das unabhängig von politischen Interessen und Agenden sein sollte. Das Kapitel betrachtet verschiedene Gesichtspunkte, die die Ausgestaltung und Vorteile einer politikfreien Bildung verdeutlichen.

Autonomie und Freiheit in der Lehre: Ein Pfeiler der politikfreien Bildung

Autonomie und Freiheit in der Lehre bilden das Rückgrat einer politikfreien Bildung. Dieser Grundpfeiler repräsentiert die Unabhängigkeit der Bildungseinrichtungen und Lehrkräfte von politischer Einflussnahme, um ein Umfeld zu schaffen, das auf der Förderung kritisches Denkens, Vielfalt der Meinungen und wissenschaftlicher Integrität basiert.

Lehrerinnen und Lehrer genießen in einer politikfreien Bildungseinrichtung die Freiheit, ihre Lehrinhalte selbstständig zu gestalten. Dies ermöglicht es, die Unterrichtsmaterialien so zu wählen und zu präsentieren, dass sie den pädagogischen Zielen und der intellektuellen Unabhängigkeit entsprechen. Autonome Lehrende haben die Flexibilität, innovative Lehrmethoden zu nutzen und den Unterricht an die Bedürfnisse ihrer Schülerinnen und Schüler anzupassen.

Die Autonomie in der Lehre beinhaltet auch die Freiheit, kritische Themen und kontroverse Diskussionen in den Lehrplan aufzunehmen. Lehrkräfte können ihre Schülerinnen und Schüler dazu ermutigen, verschiedene Standpunkte zu erforschen und kritisches Denken zu entwickeln. Dies fördert nicht nur die intellektuelle Neugier, sondern auch die Fähigkeit, informierte Entscheidungen zu treffen und eine eigene Meinung zu bilden.

Ein weiterer Aspekt der Autonomie ist die Entscheidungsfreiheit in der Bewertung. Lehrkräfte können ihre eigene Methodik zur Beurteilung der Leistungen der Lernenden wählen, basierend auf ihrer pädagogischen Philosophie und den individuellen Bedürfnissen der Schülerinnen und Schüler. Dies trägt dazu bei, die Bewertung als unterstützendes Instrument des Lernprozesses zu verstehen, anstatt als reines Beurteilungswerkzeug.

Autonome Lehrende haben die Möglichkeit, ihre Forschungsinteressen zu verfolgen und ihre Schülerinnen und Schüler aktiv in den Forschungsprozess einzubeziehen. Dies fördert eine Kultur des lebenslangen Lernens und ermutigt die Lernenden, neugierig zu sein und ihre eigenen Entdeckungen zu machen.

Die Autonomie in der Lehre steht im Einklang mit dem Grundsatz der Wissenschaftsfreiheit. Lehrkräfte haben die Freiheit, wissenschaftliche Prinzipien und Forschungsmethoden zu vermitteln, ohne politische Einschränkungen. Dies fördert eine objektive und unvoreingenommene Herangehensweise an das Wissen und trägt dazu bei, die intellektuelle Unabhängigkeit der Lernenden zu stärken.

Zusammengefasst ist die Autonomie und Freiheit in der Lehre ein Schlüsselelement einer politikfreien Bildung. Sie schafft eine Umgebung, in der Lehrkräfte ihre pädagogische Mission ohne politische Voreingenommenheit erfüllen können, um eine umfassende, vielfältige und kritische Bildung für die Lernenden zu gewährleisten.

Objektive Wissensvermittlung: Fundament der politikfreien Bildung

In einer politikfreien Bildungsumgebung steht die objektive Wissensvermittlung im Mittelpunkt, um sicherzustellen, dass Lernende eine umfassende und ausgewogene Perspektive auf die

Welt erhalten. Dieser Grundsatz betont die Unabhängigkeit von politischer Instrumentalisierung und strebt danach, Lehrinhalte frei von ideologischen Einflüssen zu präsentieren.

Lehrpläne werden sorgfältig gestaltet, um eine breite Palette von Themen zu behandeln, die relevante Informationen und verschiedene Perspektiven umfassen. Dies ermöglicht den Lernenden, ein tiefes Verständnis für die Vielfalt der Wissensgebiete zu entwickeln, von den Naturwissenschaften über die Geisteswissenschaften bis zu den Sozialwissenschaften, ohne politische Beeinflussung.

Die Auswahl von Lehrmaterialien erfolgt auf Grundlage ihrer fachlichen Qualität, wissenschaftlichen Integrität und ihrer Relevanz für die Lernziele. Die Unvoreingenommenheit bei der Auswahl ermöglicht es, unterschiedliche Standpunkte zu präsentieren, um ein kritisches Denken zu fördern. Dies schafft eine Lernumgebung, in der Schülerinnen und Schüler die Werkzeuge erhalten, um ihre eigenen informierten Schlussfolgerungen zu ziehen.

Die Lehrkräfte tragen die Verantwortung, Fakten von Meinungen zu trennen und den Schülerinnen und Schülern die Werkzeuge zur Verfügung zu stellen, um dies selbstständig zu tun. Kritische Analyse und Bewertung von Informationen werden als zentrale Kompetenzen betrachtet, um die Fähigkeit zu fördern, objektiv informierte Entscheidungen zu treffen.

Eine politikfreie Bildung strebt danach, historische Ereignisse, wissenschaftliche Entdeckungen und gesellschaftliche Phänomene objektiv darzustellen. Dies schließt die Anerkennung von Kontroversen und unterschiedlichen Interpretationen ein, wodurch ein Raum für offene Diskussion und kritisches Hinterfragen geschaffen wird.

Der Grundsatz der objektiven Wissensvermittlung trägt dazu bei, eine Bildungsumgebung zu schaffen, in der Lernende nicht nur Fakten lernen, sondern auch die Fähigkeit entwickeln, ihre eigenen Schlussfolgerungen zu ziehen. Dies fördert nicht nur das Verständnis für die Welt, sondern befähigt die Lernenden auch dazu, sich aktiv an gesellschaftlichen Debatten zu beteiligen und eine informierte, objektive Perspektive zu wahren.

Insgesamt dient die objektive Wissensvermittlung als Fundament einer politikfreien Bildung, die darauf abzielt, Wissen zu vermitteln, das frei von politischer Manipulation ist und den Lernenden ermöglicht, sich als kritische Denkerinnen und Denker zu entwickeln.

Demokratische Bildungsbeteiligung: Aktive Gestaltung von Lernen und Lehren

Demokratische Bildungsbeteiligung bildet das Herzstück einer politikfreien Bildung, die auf dem Prinzip der Mitbestimmung und demokratischen Prinzipien beruht. Dieser Ansatz strebt danach, eine aktive Partizipation der Schülerinnen und Schüler an Bildungsprozessen zu ermöglichen und demokratische Werte von Respekt, Toleranz und Gleichberechtigung zu fördern.

In einer politikfreien Bildungsumgebung werden Schülerinnen und Schüler dazu ermutigt, aktiv an Entscheidungen teilzunehmen, die ihren Bildungsweg betreffen. Dies schließt die Mitbestimmung bei der Gestaltung des Lehrplans, der Auswahl von Lehrmaterialien und der Entwicklung von Evaluationsmethoden ein. Lehrerinnen und Lehrer agieren dabei als Mentoren und Moderatoren, die die demokratischen Prozesse begleiten und die Schülerinnen und Schüler bei der Entwicklung ihrer eigenen Meinungen unterstützen.

Die demokratische Bildungsbeteiligung fördert die Einbeziehung der Lernenden in die Verwaltung und Organisation ihrer Schule. Schülervertretungen und Gremien werden geschaffen, um den Schülerinnen und Schülern eine Stimme bei strategischen Entscheidungen zu geben. Dies schafft nicht nur ein Gefühl der Verantwortung, sondern stärkt auch die Fähigkeiten der Schülerinnen und Schüler in Bereichen wie Kommunikation, Teamarbeit und demokratischer Teilhabe.

Der Unterricht selbst wird als interaktiver Dialog gestaltet, der die Perspektiven der Schülerinnen und Schüler einbezieht. Lehrerinnen und Lehrer ermutigen zur offenen Diskussion, in der unterschiedliche Meinungen respektiert und debattiert werden können. Dies fördert nicht nur das Verständnis für Vielfalt, sondern schafft auch eine Atmosphäre des respektvollen Austauschs, in der Lernende ihre eigenen Überzeugungen entwickeln können.

Die demokratische Bildungsbeteiligung bezieht auch die Eltern in den Bildungsprozess ein. Durch regelmäßige Austauschformate, Elternversammlungen und Mitwirkungsmöglichkeiten werden Eltern als wichtige Partnerinnen und Partner in der Bildung ihrer Kinder aktiv eingebunden. Dies stärkt die Zusammenarbeit zwischen Eltern, Lehrkräften und Schülerinnen und Schülern.

Die Förderung demokratischer Werte innerhalb der Bildungseinrichtung erstreckt sich auch auf die Vermittlung von sozialer Verantwortung. Projekte zur gesellschaftlichen Teilhabe, soziales Engagement und die Sensibilisierung für gesellschaftliche Herausforderungen werden in den Lehrplan integriert. Dies ermöglicht es den Lernenden, ihre Rolle als aktive Bürgerinnen und Bürger zu verstehen und Verantwortung für ihre Gemeinschaft zu übernehmen.

Insgesamt repräsentiert die demokratische Bildungsbeteiligung einen evolutionären Schritt in Richtung einer Bildung, die nicht nur Wissen vermittelt, sondern auch demokratische Werte und aktive Bürgerschaft fördert. Diese demokratische Einbindung in den Bildungsprozess unterstützt die Entwicklung von Schülerinnen und Schülern zu kritischen Denkerinnen und Denkern, die befähigt sind, aktiv an der Gestaltung ihrer Bildung und Gesellschaft teilzunehmen.

Schutz vor Indoktrination: Sicherung der intellektuellen Unabhängigkeit in der Bildung

Das Prinzip des Schutzes vor Indoktrination bildet einen wesentlichen Bestandteil einer politikfreien Bildung. Ziel ist es, eine Lernumgebung zu schaffen, die von politischer Beeinflussung verschont bleibt und stattdessen Raum für kritisches Denken, offene Diskussion und individuelle

Meinungsbildung bietet.

In einer politikfreien Bildungsumgebung wird darauf geachtet, dass Lehrinhalte frei von ideologischer Voreingenommenheit sind. Lehrerinnen und Lehrer haben die Verantwortung, eine Vielzahl von Perspektiven zu präsentieren und sicherzustellen, dass kontroverse Themen ausgewogen behandelt werden. Dies ermöglicht es den Schülerinnen und Schülern, ihre eigenen Überzeugungen zu entwickeln, ohne einer einseitigen Beeinflussung ausgesetzt zu sein.

Lehrmaterialien werden sorgfältig ausgewählt, um eine objektive und diverse Darstellung von Fakten und Meinungen zu gewährleisten. Dies schließt die kritische Überprüfung von Lehrbüchern, Artikeln und anderen Ressourcen ein, um sicherzustellen, dass sie den Standards der wissenschaftlichen Integrität entsprechen und nicht der Verbreitung ideologischer Ansichten dienen.

Lehrerinnen und Lehrer agieren als Moderatoren und ermutigen zu offenen Diskussionen, in denen verschiedene Meinungen respektiert werden. Der Schutz vor Indoktrination bedeutet nicht, bestimmte Standpunkte auszuschließen, sondern sicherzustellen, dass sie im Kontext offener Debatten präsentiert werden. Dies ermöglicht es den Lernenden, ihre eigenen Überzeugungen zu hinterfragen, verschiedene Perspektiven zu verstehen und ihre Meinungen auf einer informierten Basis zu bilden.

Ein weiterer Schutzmechanismus besteht darin, sicherzustellen, dass Lehrkräfte nicht als politische Akteure agieren, sondern als neutrale Vermittler von Wissen. Lehrerinnen und Lehrer haben die Aufgabe, ihre persönlichen Überzeugungen nicht in den Unterricht einzubringen und stattdessen die Vielfalt der Meinungen zu respektieren. Dies schafft ein Vertrauensverhältnis zwischen Lehrern, Schülern und Eltern, das auf intellektueller Integrität basiert.

Eltern und Erziehungsberechtigte werden aktiv in den Bildungsprozess eingebunden, um sicherzustellen, dass die Bildung ihrer Kinder frei von politischer Beeinflussung bleibt.

Transparenz in Bezug auf Lehrpläne, Unterrichtsmaterialien und pädagogische Methoden ermöglicht es Eltern, aktiv an der Überwachung der Bildungsbeteiligung ihrer Kinder teilzunehmen.

Zusammengefasst repräsentiert der Schutz vor Indoktrination einen entscheidenden Grundsatz in der politikfreien Bildung. Er gewährleistet, dass Bildungseinrichtungen Orte des offenen Denkens und der intellektuellen Freiheit sind, in denen die individuelle Meinungsbildung im Vordergrund steht und politische Beeinflussung vermieden wird.

Förderung von Wissenschaft und Forschung: Säulen der politikfreien Bildung

Die Förderung von Wissenschaft und Forschung bildet das Rückgrat einer politikfreien Bildung, die auf dem Streben nach objektivem Wissen und intellektueller Unabhängigkeit basiert. Dieser Grundsatz betont die zentrale Bedeutung von Wissenschaft und Forschung für das Verständnis der Welt und fördert eine Kultur des kritischen Denkens und der kontinuierlichen Erkenntnisgewinnung.

Lehrpläne in politikfreien Bildungseinrichtungen werden so gestaltet, dass sie wissenschaftliche Methoden und Denkweisen betonen. Schülerinnen und Schüler werden dazu ermutigt, Hypothesen aufzustellen, Experimente durchzuführen und Daten kritisch zu analysieren. Die Vermittlung von Forschungsfähigkeiten ist integraler Bestandteil des Bildungsprozesses, um die Lernenden zu eigenständigen Denkerinnen und Denkern zu entwickeln.

Lehrerinnen und Lehrer spielen eine entscheidende Rolle als Mentoren in diesem Prozess. Sie unterstützen nicht nur bei der Vermittlung von Forschungstechniken, sondern ermutigen auch zu eigenständigem Denken und kreativem Ansatz. Die Förderung von Wissenschaft und Forschung bedeutet, eine Umgebung zu schaffen, in der Fragen gestellt, Hypothesen getestet und Erkenntnisse gewonnen werden können.

Forschungsprojekte sind ein integraler Bestandteil der politikfreien Bildung. Schülerinnen und Schüler haben die Möglichkeit, eigene Forschungsfragen zu entwickeln und eigenständige Projekte durchzuführen. Dies fördert nicht nur das Interesse an wissenschaftlichen Themen, sondern stärkt auch die Fähigkeit, komplexe Probleme zu analysieren und innovative Lösungen zu finden.

Die Integration von aktuellen wissenschaftlichen Erkenntnissen in den Lehrplan ist ein weiterer Aspekt der Förderung von Wissenschaft und Forschung. Schülerinnen und Schüler werden dazu ermutigt, sich mit den neuesten Entwicklungen in verschiedenen Disziplinen auseinanderzusetzen. Dies trägt dazu bei, eine dynamische Lernumgebung zu schaffen, die den sich ständig wandelnden Charakter der Wissenschaft widerspiegelt.

Die politikfreie Bildung fördert auch die Zusammenarbeit mit externen wissenschaftlichen Institutionen und Expertinnen und Experten. Exkursionen, Gastvorträge und Partnerschaften mit Forschungseinrichtungen bieten den Lernenden die Möglichkeit, direkt von führenden Fachleuten zu lernen und an echten wissenschaftlichen Projekten teilzunehmen.

Die Bewertung und Anerkennung von Forschungsleistungen werden ebenfalls in den Bildungsprozess integriert. Dies kann durch Präsentationen, wissenschaftliche Veröffentlichungen oder die Teilnahme an regionalen und internationalen Wissenschaftswettbewerben erfolgen. Die Anerkennung von Forschungsbeiträgen stärkt das Selbstbewusstsein der Schülerinnen und Schüler und ermutigt sie, ihre wissenschaftlichen Interessen weiter zu verfolgen.

Insgesamt repräsentiert die Förderung von Wissenschaft und Forschung eine zentrale Säule in der politikfreien Bildung. Dieser Ansatz strebt danach, eine Generation von kritischen Denkerinnen und Denkern zu formen, die die Werkzeuge besitzen, um wissenschaftliche Erkenntnisse zu generieren, zu verstehen und aktiv zur Erweiterung des Wissens beizutragen.

Inklusivität und Diversität: Grundpfeiler politikfreier Bildung

Inklusivität und Diversität bilden zentrale Säulen in der politikfreien Bildung, die darauf abzielt, eine vielfältige und respektvolle Lernumgebung zu schaffen. Dieser Grundsatz betont die Bedeutung der Anerkennung und Wertschätzung von Vielfalt in all ihren Formen, sei es in Bezug auf Hintergrund, Kultur, Geschlecht, Sprache oder Fähigkeiten.

In politikfreien Bildungseinrichtungen wird darauf geachtet, Lehrpläne und Unterrichtsmaterialien so zu gestalten, dass sie die Vielfalt der Gesellschaft widerspiegeln. Dies schließt die Einbindung von Beispielen und Fallstudien aus verschiedenen Kulturen und Regionen ein, um den Schülerinnen und Schülern einen umfassenden Einblick in die Welt zu bieten. Lehrerinnen und Lehrer werden dazu ermutigt, eine inklusive Sprache zu verwenden, die die Vielfalt der Schülerschaft widerspiegelt.

Die Förderung von Inklusivität und Diversität erstreckt sich auch auf die Auswahl von Lehrmaterialien, Büchern und Ressourcen. Es wird darauf geachtet, dass die verschiedenen Perspektiven und Lebensrealitäten aller Schülerinnen und Schüler angemessen repräsentiert sind. Dies schafft nicht nur eine integrative Lernumgebung, sondern ermöglicht auch den Lernenden, Empathie zu entwickeln und die Vielfalt als eine Stärke zu schätzen.

Lehrerinnen und Lehrer spielen eine entscheidende Rolle bei der Schaffung einer inklusiven und diversen Kultur in der Klasse. Sie werden dazu ermutigt, auf die individuellen Bedürfnisse der Schülerinnen und Schüler einzugehen und eine Lernumgebung zu schaffen, die Vielfalt als Bereicherung betrachtet. Dies beinhaltet die Förderung von offenen Diskussionen, in denen verschiedene Meinungen respektiert werden, und die Schaffung eines Klimas, in dem sich jede Schülerin und jeder Schüler akzeptiert und unterstützt fühlt.

Inklusivität und Diversität umfassen auch die Anerkennung unterschiedlicher Lernstile und -geschwindigkeiten. Bildungspläne werden flexibel gestaltet, um den individuellen Bedürfnissen gerecht zu werden und sicherzustellen, dass alle

Schülerinnen und Schüler die Möglichkeit haben, erfolgreich zu lernen. Dies schließt auch die Berücksichtigung von besonderen Bedürfnissen und die Implementierung geeigneter Unterstützungsmechanismen ein.

Eltern und Erziehungsberechtigte werden aktiv in den Bildungsprozess einbezogen, um sicherzustellen, dass die Schülerinnen und Schüler zu Hause und in der Schule in einer Umgebung aufwachsen, die Inklusivität und Diversität schätzt. Informationsaustausch, Elternveranstaltungen und Mitwirkungsmöglichkeiten werden genutzt, um eine partnerschaftliche Zusammenarbeit zwischen Schule und Elternhaus zu fördern.

Insgesamt repräsentieren Inklusivität und Diversität nicht nur ethische Grundsätze, sondern auch eine strategische Investition in eine breitere, tolerante und verständnisvolle Gesellschaft. Dieser Grundsatz stärkt nicht nur das Verständnis und die Akzeptanz von Unterschieden, sondern fördert auch eine Lernumgebung, in der alle Schülerinnen und Schüler gleiche Chancen haben und ihre einzigartigen Beiträge geschätzt werden.

Bürgerbildung für aktive Teilnahme: Ein Schlüssel zur politikfreien Gesellschaft

Die Bürgerbildung für aktive Teilnahme ist ein zentraler Baustein in einer politikfreien Bildung, die darauf abzielt, Bürgerinnen und Bürger zu informierten, engagierten und verantwortungsbewussten Mitgliedern der Gesellschaft zu entwickeln. Dieser Grundsatz betont die Bedeutung der Ausbildung von Fähigkeiten und Wissen, die es den Menschen ermöglichen, aktiv am demokratischen Prozess teilzunehmen und ihre Rolle in der Gemeinschaft zu verstehen.

In politikfreien Bildungseinrichtungen werden Schülerinnen und Schüler darauf vorbereitet, ihre Rechte und Pflichten als Bürgerinnen und Bürger zu verstehen. Dies beinhaltet die Vermittlung grundlegender Kenntnisse über das politische System, die Funktionsweise von Regierungsinstitutionen und die

Bedeutung der Menschenrechte. Lehrpläne werden so gestaltet, dass sie die Entwicklung eines fundierten Verständnisses für demokratische Prinzipien fördern.

Ein zentraler Aspekt der Bürgerbildung ist die Förderung von kritischem Denken und Informationskompetenz. Schülerinnen und Schüler werden ermutigt, Medienquellen zu analysieren, verschiedene Standpunkte zu bewerten und informierte Entscheidungen zu treffen. Dies stärkt ihre Fähigkeit, an öffentlichen Diskussionen teilzunehmen und politische Entwicklungen zu hinterfragen.

Die aktive Teilnahme am demokratischen Prozess wird durch praktische Erfahrungen gefördert. Schülerinnen und Schüler haben die Möglichkeit, an Modellregierungen, Jugendparlamenten oder anderen partizipativen Projekten teilzunehmen. Dies ermöglicht es ihnen, ihre Interessen zu vertreten, Kompromisse zu schließen und die Bedeutung von Bürgerbeteiligung in der Praxis zu erleben.

Die Bürgerbildung beinhaltet auch die Vermittlung von sozialer Verantwortung und ethischem Handeln. Schülerinnen und Schüler werden ermutigt, sich in gemeinnützigen Projekten zu engagieren und einen Beitrag zu ihrer Gemeinschaft zu leisten. Dies fördert nicht nur das Verständnis für gesellschaftliche Herausforderungen, sondern stärkt auch das Gemeinschaftsgefühl und die Solidarität.

Lehrerinnen und Lehrer spielen eine Schlüsselrolle bei der Bürgerbildung, indem sie als Vorbilder für aktive Bürgerschaft agieren. Sie vermitteln nicht nur Wissen über politische Abläufe, sondern ermutigen auch zur Entwicklung eines eigenen Standpunkts und zur kritischen Reflexion von gesellschaftlichen Fragen. Dies fördert eine Kultur der Offenheit und des respektvollen Austauschs.

Die Bürgerbildung für aktive Teilnahme erstreckt sich auch über die Schulzeit hinaus. Bildungseinrichtungen pflegen Partnerschaften mit lokalen Gemeinschaften und Organisationen, um den Schülerinnen und Schülern Möglichkeiten zur kontinuierlichen Beteiligung zu bieten. Dies schafft eine Brücke zwischen Bildungseinrichtungen und der realen Welt, in der die Schülerinnen und Schüler ihre erworbenen Fähigkeiten anwenden können.

Zusammenfassend trägt die Bürgerbildung für aktive Teilnahme dazu bei, eine Generation von Bürgerinnen und Bürgern zu formen, die nicht nur ihre Rechte kennen, sondern auch bereit sind, ihre Verantwortung in der Gesellschaft wahrzunehmen. Dieser Grundsatz legt den Grundstein für eine politikfreie Gesellschaft, in der Bürgerinnen und Bürger in der Lage sind, aktiv an demokratischen Prozessen teilzunehmen und positive Veränderungen in ihrer Gemeinschaft herbeizuführen.

KAPITEL 6: GLOBALE BEZIEHUNGEN UND DIPLOMATIE

Das sechste Kapitel unseres Buches über eine Welt ohne Politik widmet sich dem faszinierenden Thema der globalen Beziehungen und Diplomatie. In dieser politikfreien Welt liegt der Fokus auf kooperativen Interaktionen, gegenseitigem Respekt und dem Streben nach gemeinsamen Zielen.

6.1 Die Grundlagen globaler Beziehungen

Die Grundlagen globaler Beziehungen in einer Welt ohne Politik sind geprägt von einer neuen Perspektive, die auf Kooperation, gemeinsamen Interessen und globaler Bürgerschaft basiert. In dieser politikfreien Welt existieren keine politischen Grenzen als Trennlinien zwischen Nationen. Stattdessen sind die Beziehungen zwischen Ländern von einer Atmosphäre des Verständnisses und der Zusammenarbeit durchdrungen.

Ohne politische Agenden, die den Austausch belasten könnten, stehen die Grundlagen globaler Beziehungen im Zeichen von geteilten Herausforderungen und Chancen. Nationen erkennen an, dass sie Teil eines größeren Ganzen sind, einer globalen Gemeinschaft, in der das Wohlstand und das Wohlergehen eines Landes mit dem der anderen untrennbar verbunden sind.

Das Verständnis von globaler Bürgerschaft bildet das Kernstück dieser neuen Grundlagen. Menschen sind nicht länger nur Bürger eines bestimmten Landes, sondern Bürger der Welt. Diese universelle Perspektive fördert ein Gefühl der Verbundenheit und des gemeinsamen Verantwortungsbewusstseins für die Bewältigung globaler Herausforderungen, sei es im Bereich Umweltschutz, Gesundheitswesen oder soziale Gerechtigkeit.

Ein weiterer entscheidender Aspekt dieser Grundlagen ist die Anerkennung kultureller Vielfalt. In einer Welt ohne politische Grenzen können kulturelle Unterschiede als Bereicherung betrachtet werden. Nationen schätzen die Einzigartigkeit ihrer Traditionen, Sprachen und Bräuche und sehen darin eine Quelle des gemeinsamen Lernens und Verständnisses.

Die Grundlagen globaler Beziehungen fördern die Idee des freien Informationsaustauschs. Ohne politische Zensur und Barrieren können Ideen, Innovationen und Wissen ungehindert zwischen Nationen fließen. Dies trägt nicht nur zu einem umfassenden Verständnis bei, sondern fördert auch die gemeinsame Entwicklung von Lösungen für globale Herausforderungen.

In dieser Welt ohne Politik wird das Vertrauen zwischen Nationen gestärkt. Da keine politischen Motive im Vordergrund stehen, können Verträge und Vereinbarungen auf Fairness und Gleichberechtigung basieren. Nationen können sich darauf verlassen, dass ihre Interessen respektiert werden, und gemeinsam an einer stabilen und nachhaltigen globalen Ordnung arbeiten.

Zusammengefasst bilden die Grundlagen globaler Beziehungen in einer Welt ohne Politik ein Fundament für eine kooperative, verständnisvolle und prosperierende Weltgemeinschaft. Der Fokus liegt auf den gemeinsamen Interessen und der Anerkennung, dass die Zusammenarbeit zwischen Nationen der Schlüssel zu einer nachhaltigen Zukunft ist.

6.2 Diplomatische Beziehungen ohne politische Agenden

In einer Welt ohne Politik nehmen diplomatische Beziehungen eine transformative Form an, indem sie von politischen Agenden befreit sind und sich auf kooperatives Engagement, kulturellen Austausch und den gemeinsamen Nutzen konzentrieren. Die Diplomatie in diesem Kontext wird zu einem Instrument des Friedens und der Zusammenarbeit, frei von politischen Machtspielchen und geopolitischen Rivalitäten.

Eine Schlüsselcharakteristik dieser diplomatischen Beziehungen ist die Absenz politischer Motive. Nationen setzen sich für ein konstruktives Miteinander ein, das auf gemeinsamen Interessen, Wohlstand und dem Wohl der globalen Gemeinschaft basiert. Dies ermöglicht eine offene und transparente Kommunikation, bei der die Vertreterinnen und Vertreter der Nationen in einen Dialog eintreten können, ohne politische Agenden voranzutreiben.

Diplomatische Bemühungen konzentrieren sich verstärkt auf den kulturellen Austausch als Mittel der Annäherung und des Verständnisses. Durch den Austausch von Kunst, Bildung, Wissenschaft und anderen kulturellen Elementen fördern Nationen nicht nur die Vielfalt, sondern stärken auch die zwischenmenschlichen Verbindungen. Dies führt zu einer tieferen Wertschätzung der kulturellen Reichtümer, die jede Nation in die Welt einbringt.

Ohne politische Agenden als Barriere können Diplomatinnen und Diplomaten freimütig kooperieren, um globale Herausforderungen zu bewältigen. Gemeinsame Anstrengungen im Umweltschutz, in der Armutsbekämpfung und bei der Bewältigung globaler Gesundheitskrisen werden vorangetrieben. Dieser kooperative Ansatz fördert eine Atmosphäre des Vertrauens und der gegenseitigen Unterstützung.

Friedensdiplomatie steht im Mittelpunkt dieser diplomatischen Beziehungen. Nationen setzen sich aktiv für die Lösung von Konflikten ein, sei es auf regionaler oder globaler Ebene. Ohne politische Interessen, die den Prozess behindern könnten, können Diplomatinnen und Diplomaten frei und unvoreingenommen vermitteln, um nachhaltige Lösungen zu finden. Frieden wird nicht nur als Abwesenheit von Krieg, sondern als aktiver Zustand der Harmonie und Zusammenarbeit verstanden.

Internationale Organisationen spielen eine entscheidende Rolle in dieser diplomatischen Landschaft. Gemeinsam verfolgen sie das Ziel, kooperative Programme und Projekte zu entwickeln, die auf globale Bedürfnisse abgestimmt sind. Diese Organisationen dienen als Plattformen für offenen Dialog und als Mechanismen zur Förderung von Verständnis und Zusammenarbeit zwischen den Nationen.

Zusammenfassend stehen diplomatische Beziehungen in einer Welt ohne Politik im Dienst von Kooperation, kulturellem Austausch und dem Streben nach weltweitem Frieden. Ohne politische Agenden können Nationen freimütig miteinander kommunizieren und gemeinsame Anstrengungen unternehmen, um eine globale Gemeinschaft zu formen, die auf gegenseitigem Respekt und Verständnis basiert.

6.3 Internationale Organisationen und ihre Rolle

In einer Welt ohne Politik nehmen internationale Organisationen eine herausragende Rolle ein, indem sie als Katalysatoren für globale Kooperation, Entwicklung und Frieden agieren. Ohne politische Motive fungieren diese Organisationen als Instrumente für eine effektive Zusammenarbeit, indem sie sich auf gemeinsame Interessen, Wohlstand und das Wohlergehen der globalen Gemeinschaft konzentrieren.

Eine Schlüsselrolle internationaler Organisationen liegt in der Förderung von Zusammenarbeit und gemeinsamen Programmen. Hierbei wird der Fokus auf die Entwicklung global abgestimmter Maßnahmen gelegt, die auf die Bewältigung gemeinsamer Herausforderungen abzielen. Sei es der Umweltschutz, die Armutsbekämpfung oder die Bewältigung von Gesundheitskrisen – internationale Organisationen bieten Plattformen, auf denen Nationen gemeinsam an Lösungen arbeiten können.

Eine weitere Funktion besteht darin, als Schiedsrichter und Vermittler in internationalen Angelegenheiten zu agieren. Internationale Organisationen bieten den Mitgliedsländern eine neutrale Plattform, auf der Konflikte friedlich gelöst werden können. Diese Organisationen dienen als Mechanismen zur Prävention von Auseinandersetzungen und zur Förderung von Dialogen, wodurch eine Atmosphäre des Friedens geschaffen wird.

Ohne politische Interessen können internationale Organisationen eine unvoreingenommene und objektive Perspektive einnehmen. Sie analysieren globale Trends, prognostizieren mögliche Entwicklungen und bieten fundierte Empfehlungen für die Zusammenarbeit zwischen Nationen. Diese objektive Sichtweise ermöglicht es, besser informierte Entscheidungen zu treffen und effektiv auf Herausforderungen zu reagieren.

Internationale Organisationen sind auch maßgeblich an der Förderung von Bildung und Wissensaustausch beteiligt. Durch die Zusammenarbeit in Bereichen wie Wissenschaft, Technologie und Bildung wird nicht nur das Verständnis für globale Zusammenhänge vertieft, sondern es entsteht auch eine Kultur der Innovation und des gemeinsamen Lernens.

Im Bereich der humanitären Hilfe spielen internationale Organisationen eine zentrale Rolle. Sie mobilisieren Ressourcen und koordinieren Reaktionen auf Naturkatastrophen, Krisen und humanitäre Notlagen. Diese Organisationen agieren effektiv und effizient, um schnelle und koordinierte Hilfe für betroffene Regionen sicherzustellen.

Insgesamt stellen internationale Organisationen das Rückgrat einer politikfreien Welt dar, indem sie als Instrumente der Kooperation, des Friedens und der globalen Entwicklung fungieren. Ihre Rolle besteht darin, eine Plattform für den Austausch von Ideen, die Lösung von Herausforderungen und die Förderung eines harmonischen Miteinanders zwischen Nationen zu bieten.

6.4 Friedensdiplomatie und Konfliktlösung

In einer Welt ohne Politik gewinnt die Friedensdiplomatie und Konfliktlösung eine neue Dimension, frei von politischen Agenden und Machtinteressen. Die Grundlage dieser Friedensbemühungen liegt im Streben nach Harmonie, Verständigung und nachhaltiger Lösungen für globale Herausforderungen. Friedensdiplomatie wird zu einem

Instrument der Kooperation, bei dem Nationen gemeinsam daran arbeiten, Konflikte zu vermeiden und bestehende Spannungen friedlich zu bewältigen.

Ein entscheidendes Merkmal dieser Friedensdiplomatie ist die Neuausrichtung auf Prävention. Durch offenen Dialog und frühzeitige Intervention versuchen Diplomatinnen und Diplomaten, Konfliktpotentiale zu identifizieren und durch kooperative Maßnahmen zu entschärfen. Dieser proaktive Ansatz ermöglicht es, Konflikte zu verhindern, bevor sie eskalieren können.

Ohne politische Interessen als Hemmnis kann Friedensdiplomatie freimütig und ohne Vorbehalte agieren. Diplomatinnen und Diplomaten setzen auf den Dialog als Schlüsselinstrument, um Differenzen zu überbrücken und gemeinsame Lösungen zu finden. Der Fokus liegt auf dem Verständnis der Ursachen von Konflikten, um nachhaltige und umfassende Lösungsansätze zu entwickeln.

Friedensdiplomatie zielt darauf ab, Vertrauen zwischen Nationen aufzubauen. Durch den Abbau von Misstrauen und Vorurteilen schaffen Diplomatinnen und Diplomaten eine Atmosphäre, in der offene Kommunikation und Zusammenarbeit möglich sind. Dieser Vertrauensaufbau bildet die Grundlage für nachhaltige Friedensvereinbarungen und langfristige Kooperation.

Die Verwendung alternativer Konfliktlösungsmethoden wird zu einem integralen Bestandteil dieser diplomatischen Bemühungen. Verhandlungen, Mediation und Schlichtungsverfahren kommen zum Einsatz, um Win-Win-Lösungen zu finden und Kompromisse zu schließen. Die Betonung liegt darauf, Konflikte nicht als Nullsummenspiel zu betrachten, sondern als Gelegenheit zur gemeinsamen Suche nach Lösungen.

Internationale Organisationen spielen eine unterstützende Rolle in der Friedensdiplomatie. Durch ihre neutrale Position und ihre Fähigkeit, Ressourcen zu mobilisieren, bieten sie einen Rahmen für Friedensverhandlungen und unterstützen die Umsetzung von Friedensabkommen. Dies stärkt die Effektivität von Friedensbemühungen auf globaler Ebene.

Zusammenfassend strebt die Friedensdiplomatie in einer politikfreien Welt danach, eine Kultur der Zusammenarbeit und des Verständnisses zu fördern. Sie nutzt den Dialog, Vertrauensbildung und alternative Konfliktlösungsmethoden, um friedliche Beziehungen zwischen Nationen zu ermöglichen und so eine Welt des nachhaltigen Friedens und der Kooperation zu gestalten.

6.5 Wirtschaftliche Zusammenarbeit über Grenzen hinweg

In einer Welt ohne Politik wird die wirtschaftliche Zusammenarbeit über Grenzen hinweg zu einem entscheidenden Motor für Wohlstand, nachhaltige Entwicklung und sozialen Fortschritt. Ohne politische Barrieren haben Nationen die Möglichkeit, Handelsbeziehungen auf der Grundlage von Fairness, Gleichberechtigung und gemeinsamem Nutzen zu gestalten. Diese Form der wirtschaftlichen Kooperation führt zu einer globalen Wirtschaft, die auf Solidarität und gemeinsamen Interessen basiert.

Ein wesentlicher Aspekt dieser wirtschaftlichen Zusammenarbeit ist die Schaffung eines fairen und inklusiven Handelssystems. Ohne politische Einflüsse, die den Handel verzerrten könnten, wird ein transparentes und gerechtes Handelsumfeld geschaffen. Nationen arbeiten gemeinsam an der Entwicklung von Regeln und Standards, die sicherstellen, dass der Handel für alle Parteien vorteilhaft ist und zu einer ausgewogenen Verteilung der Ressourcen führt.

Grenzüberschreitende Investitionen und Unternehmenskooperationen nehmen in dieser wirtschaftsfreundlichen Welt eine zentrale Rolle ein. Nationen ermutigen Unternehmen, über ihre Landesgrenzen hinaus zu expandieren und in anderen Ländern zu investieren. Dies fördert nicht nur den Austausch von Ressourcen und Technologien, sondern trägt auch dazu bei, globale Wertschöpfungsketten zu etablieren, die für alle Beteiligten von Vorteil sind.

Die Förderung nachhaltiger Praktiken steht im Mittelpunkt der wirtschaftlichen Zusammenarbeit. Ohne politische Einflüsse, die kurzfristige Gewinne bevorzugen könnten, streben Nationen nach langfristiger ökologischer und sozialer Verantwortung. Gemeinsame Standards für Umweltschutz, Arbeitsbedingungen und soziale Verantwortung werden entwickelt, um sicherzustellen, dass wirtschaftliche Aktivitäten einen positiven Beitrag zur globalen Gemeinschaft leisten.

In dieser Welt ohne politische Grenzen haben Entwicklungsländer die Möglichkeit, gleichberechtigt am internationalen Handel teilzunehmen. Durch technologischen Transfer, Wissenstransfer und finanzielle Unterstützung werden auch weniger entwickelte Regionen in die Lage versetzt, ihre Wirtschaft zu stärken und ihre Bevölkerung zu fördern. Die wirtschaftliche Zusammenarbeit wird somit zu einem Instrument zur Verringerung globaler Ungleichheiten.

Wirtschaftliche Zusammenarbeit über Grenzen hinweg geht auch Hand in Hand mit innovativen Finanzmechanismen. Gemeinsame Entwicklungsfonds, globale Infrastrukturprojekte und nachhaltige Finanzinstrumente werden geschaffen, um Ressourcen effektiv zu nutzen und die gemeinsame Entwicklung zu fördern. Nationen teilen nicht nur wirtschaftliche, sondern auch finanzielle Verantwortung für globale Herausforderungen.

Zusammenfassend wird die wirtschaftliche Zusammenarbeit über Grenzen hinweg in einer politikfreien Welt zu einem Instrument der gemeinsamen Prosperität und nachhaltigen Entwicklung. Nationen erkennen an, dass ihre wirtschaftlichen Beziehungen untrennbar miteinander verbunden sind, und streben nach einer globalen Wirtschaft, die auf Solidarität, Fairness und nachhaltigen Praktiken basiert.

6.6 Kultureller Austausch und interkulturelle Verständigung

In einer Welt ohne Politik erfährt der kulturelle Austausch und die interkulturelle Verständigung eine Blütezeit, geprägt von Offenheit, Respekt und der Freiheit, kulturelle Identitäten zu teilen und zu feiern. Ohne politische Grenzen als Hindernisse eröffnen sich neue Horizonte für einen reichen Austausch von Ideen, Kunst, Sprachen und Traditionen zwischen Nationen.

Ein entscheidender Aspekt dieses kulturellen Austauschs ist die Förderung von Vielfalt und Inklusivität. Nationen erkennen die Einzigartigkeit ihrer kulturellen Ausdrucksformen an und setzen sich dafür ein, dass jede Kultur respektiert und geschätzt wird. Der Austausch von Kunst, Musik, Literatur und anderen kulturellen Gütern wird zu einem Mittel, um die reiche Palette der menschlichen Kreativität zu zelebrieren und zu teilen.

Interkulturelle Verständigung wird zu einem zentralen Anliegen, das auf Dialog und Empathie basiert. Menschen haben die Freiheit, ihre kulturelle Identität zu bewahren, während sie gleichzeitig offen für die kulturellen Hintergründe anderer sind. Dies führt zu einem tieferen Verständnis für die Vielfalt der menschlichen Erfahrungen und schafft eine Atmosphäre der Akzeptanz und Harmonie.

Sprachenvielfalt wird in dieser kulturellen Landschaft als Bereicherung betrachtet. Nationen ermutigen den Erwerb und die Pflege verschiedener Sprachen, um die Kommunikation über Grenzen hinweg zu erleichtern. Dies fördert nicht nur die interkulturelle Verständigung, sondern schafft auch eine Brücke zwischen verschiedenen Gemeinschaften und Kulturen.

Der kulturelle Austausch erstreckt sich über alle Lebensbereiche, von Bildung und Arbeitswelt bis hin zu Freizeitaktivitäten. Internationale Zusammenarbeit in Kunst, Wissenschaft und Technologie ermöglicht es, gemeinsam innovative Ideen zu entwickeln und globale Herausforderungen anzugehen. Diese Zusammenarbeit trägt dazu bei, dass der kulturelle Austausch nicht nur oberflächlich bleibt, sondern zu tiefgreifenden Verbindungen zwischen den Menschen führt.

Die Förderung von Bildung über kulturelle Unterschiede hinweg wird zu einem zentralen Anliegen. In einer Welt ohne politische Schranken haben Menschen Zugang zu einem breiten Spektrum von Lehrinhalten, die verschiedene Perspektiven und kulturelle Hintergründe umfassen. Dies trägt dazu bei, Vorurteile abzubauen und die nächsten Generationen auf eine Welt der

Toleranz und des gegenseitigen Respekts vorzubereiten.

Zusammenfassend wird der kulturelle Austausch und die interkulturelle Verständigung zu einem grundlegenden Element einer Welt ohne Politik. Nationen teilen nicht nur ihre kulturellen Reichtümer, sondern setzen sich auch dafür ein, dass jeder Mensch die Freiheit hat, seine kulturelle Identität auszudrücken. Dies führt zu einer Welt, die von Vielfalt, Respekt und einem tiefen Verständnis für die menschliche Kondition geprägt ist.

KAPITEL 7: INDIVIDUELLE FREIHEIT UND VERANTWORTUNG

Zusammengefasst präsentiert dieses Kapitel die Idee einer politikfreien Bildung als einen Weg zur autonomen Wissensentfaltung, der auf Freiheit, Objektivität, Demokratie, Schutz vor Indoktrination, Förderung von Wissenschaft und Forschung, Inklusivität, Diversität und der Vorbereitung auf aktive Bürgerbeteiligung basiert.

In einer Welt ohne Politik erfährt das Konzept von individueller Freiheit und Verantwortung eine radikale Neugestaltung. Dieses Kapitel erkundet die Grundprinzipien einer Gesellschaft, in der Menschen die Freiheit haben, ihre eigenen Entscheidungen zu treffen, und gleichzeitig die Verantwortung tragen, das gemeinsame Wohl und die Harmonie der Gemeinschaft zu fördern.

7.1 Freiheit als Grundrecht

In einer Welt ohne Politik bildet die individuelle Freiheit das fundamentale Grundrecht eines jeden Menschen. Dieses unveräußerliche Recht umfasst verschiedene Dimensionen, die darauf abzielen, die Würde, Autonomie und Selbstbestimmung eines jeden Individuums zu schützen.
Freiheit als Grundrecht bedeutet zunächst die uneingeschränkte Selbstbestimmung über das eigene Leben. Jeder Mensch hat das

Recht, seine eigenen Entscheidungen zu treffen, sei es bezüglich der persönlichen Lebensgestaltung, der Berufswahl, der Bildung oder der religiösen Überzeugungen. Diese Selbstbestimmung erstreckt sich über alle Lebensbereiche und steht im Einklang mit dem Respekt vor der Vielfalt individueller Lebenswege.

Ein zentraler Aspekt der Freiheit als Grundrecht ist die freie Meinungsäußerung. Menschen haben das Recht, ihre Gedanken, Überzeugungen und Ideen ohne Einschränkungen zu äußern. Dies schafft eine offene und dynamische gesellschaftliche Diskussion, die von Vielfalt und unterschiedlichen Perspektiven geprägt ist. Die freie Meinungsäußerung fördert ein Klima der Toleranz, in dem unterschiedliche Standpunkte respektiert werden.

Glaubensfreiheit ist ein weiterer Eckpfeiler dieser individuellen Freiheit. Jeder Mensch hat das Recht, seine religiösen Überzeugungen frei zu wählen und auszuüben. Diese Freiheit erstreckt sich nicht nur auf die Wahl einer Religion, sondern auch auf die Freiheit, keine Religion zu praktizieren. In einer Welt ohne Politik wird die Glaubensfreiheit als wesentliches Element der individuellen Autonomie geschützt.

Die Freiheit als Grundrecht beinhaltet auch das Recht auf Privatsphäre. Jeder Mensch hat das Recht, vor willkürlichen Eingriffen in sein persönliches Leben geschützt zu werden. Die Wahrung der Privatsphäre ermöglicht es den Menschen, ihre Identität zu entfalten, ohne befürchten zu müssen, dass ihre persönlichen Angelegenheiten ohne Zustimmung offengelegt werden.

Insgesamt wird Freiheit als Grundrecht in einer Welt ohne Politik als unverzichtbarer Eckpfeiler betrachtet, der die individuelle Würde und Autonomie schützt. Sie schafft einen Raum, in dem Menschen ihre Potenziale entfalten, ihre Meinungen äußern und ihre Lebenswege selbstbestimmt gestalten können. Diese Freiheit bildet das Rückgrat einer Gesellschaft, die auf Respekt vor den Rechten eines jeden Einzelnen basiert.

7.2 Selbstbestimmung und Lebensgestaltung

In einer Welt ohne Politik entfaltet sich das Prinzip der Selbstbestimmung als Grundrecht und bildet die Grundlage für die individuelle Lebensgestaltung. Diese Freiheit erstreckt sich über alle Facetten des Lebens und ermöglicht es jedem Individuum, seine eigenen Entscheidungen zu treffen und einen Lebensweg nach persönlichen Präferenzen zu gestalten.

Die Selbstbestimmung umfasst das Recht, persönliche Lebensentscheidungen autonom zu treffen. Jeder Mensch hat die Freiheit, seine Karriere, Bildung, Wohnort und Lebenspartner nach eigenen Vorstellungen zu wählen. Dieser Grundsatz fördert eine Gesellschaft, in der Vielfalt und Individualität geschätzt werden, und schafft Raum für eine breite Palette von Lebensstilen.

Die Selbstbestimmung in der Lebensgestaltung bedeutet auch, dass Menschen ihre kulturelle Identität frei entfalten können. Ohne politische Restriktionen haben Individuen die Freiheit, ihre kulturellen Wurzeln zu pflegen und ihre persönlichen Überzeugungen zu leben. Dieser Aspekt der Selbstbestimmung stärkt das kulturelle Erbe und fördert ein Verständnis für die Vielfalt innerhalb der Gesellschaft.

Ein weiterer entscheidender Punkt ist die freie Wahl der Lebensphilosophie und der persönlichen Werte. Jeder Mensch kann nach seinen eigenen moralischen Überzeugungen und ethischen Prinzipien leben. Diese individuelle Freiheit bei der Festlegung von Werten ermöglicht es, dass unterschiedliche Lebensentwürfe nebeneinander existieren können, solange sie die Rechte und Freiheiten anderer respektieren.

Selbstbestimmung und Lebensgestaltung sind auch in Bezug auf die persönliche Entwicklung von großer Bedeutung. Menschen haben die Freiheit, ihre Talente und Fähigkeiten zu entfalten und ihre Interessen zu verfolgen. Dies fördert nicht nur das persönliche Wohlbefinden, sondern trägt auch zum kreativen Potenzial der Gesellschaft bei.

In einer Welt ohne Politik wird die Selbstbestimmung als Schlüssel zu einem erfüllten und authentischen Leben betrachtet. Die Freiheit, den eigenen Lebensweg zu gestalten, eröffnet Raum für persönliches Wachstum, Innovation und das Streben nach individueller Erfüllung. Die Betonung der Selbstbestimmung als Grundrecht schafft eine Gesellschaft, in der jeder Mensch befähigt ist, sein volles Potenzial zu entfalten und zu einem reichen Mosaik individueller Lebensgeschichten beizutragen.

7.3 Verantwortung für das Gemeinwohl

In einer Welt ohne Politik wird die individuelle Freiheit von einem essentiellen Prinzip begleitet: der Verantwortung für das Gemeinwohl. Jeder Einzelne trägt eine moralische Verpflichtung, nicht nur für das eigene Wohl, sondern auch für das Wohl der gesamten Gemeinschaft, Sorge zu tragen. Diese Verantwortung bildet das ethische Rückgrat einer Gesellschaft, in der Solidarität und das Streben nach gemeinsamem Fortschritt im Mittelpunkt stehen.

Die Verantwortung für das Gemeinwohl manifestiert sich in verschiedenen Aspekten des täglichen Lebens. Dies beinhaltet das Engagement für Umweltschutz, nachhaltige Ressourcennutzung und den Erhalt der natürlichen Lebensgrundlagen. Menschen erkennen an, dass ihre Handlungen Auswirkungen auf die Umwelt haben und übernehmen Verantwortung, um einen positiven Einfluss auf die planetare Gesundheit auszuüben.

Soziale Gerechtigkeit und Solidarität sind grundlegende Prinzipien, die aus der Verantwortung für das Gemeinwohl hervorgehen. Individuen engagieren sich aktiv für die Bewältigung sozialer Herausforderungen, wie Armut, Ungleichheit und Diskriminierung. Gemeinschaften entwickeln Mechanismen, um sicherzustellen, dass alle Mitglieder Zugang zu den grundlegenden Ressourcen haben und gleiche Chancen genießen.

Die Verantwortung für das Gemeinwohl erstreckt sich auch auf wirtschaftliche Belange. Indem Unternehmen und Individuen ethische Geschäftspraktiken verfolgen, tragen sie zur Schaffung einer gerechten und nachhaltigen Wirtschaftsordnung bei. Fairer Handel, soziale Verantwortung von Unternehmen und transparente Geschäftspraktiken werden zu Eckpfeilern, um das Wohl der Gesellschaft zu fördern.

Bildung spielt eine zentrale Rolle bei der Entwicklung dieser Verantwortung. Menschen werden dazu ermutigt, ein tiefes Verständnis für globale Zusammenhänge zu entwickeln und sich bewusst zu werden, wie ihre Entscheidungen das Gemeinwohl beeinflussen können. Bildung fördert nicht nur das Wissen, sondern auch die Empathie und das Bewusstsein für die Bedürfnisse anderer.

In einer Welt ohne politische Strukturen wird die Verantwortung für das Gemeinwohl zu einem integrativen Bestandteil des sozialen Gefüges. Gemeinsam arbeiten Menschen daran, eine Gesellschaft zu schaffen, in der das Streben nach individueller Freiheit in Einklang mit einem starken Sinn für soziale Verantwortung steht. Die Balance zwischen persönlicher Entfaltung und dem Wohl der Gemeinschaft bildet das Fundament für eine harmonische und nachhaltige Zukunft.

7.4 Solidarität und Gemeinschaftsgefühl

In einer Welt ohne Politik erheben sich Solidarität und Gemeinschaftsgefühl als zentrale Werte, die das soziale Gefüge prägen. Diese Grundsätze durchziehen alle Schichten der Gesellschaft und schaffen eine Atmosphäre der Zusammengehörigkeit, in der die Bedürfnisse jedes Einzelnen als integraler Bestandteil des kollektiven Wohlbefindens betrachtet werden.

Solidarität bedeutet, dass Menschen sich aktiv füreinander einsetzen und gemeinsam Verantwortung für das Wohl der Gesamtheit übernehmen. Dies drückt sich in vielfältigen Formen aus, angefangen von materieller Unterstützung in Zeiten der Not bis hin zu gemeinschaftlichen Bemühungen, soziale Ungerechtigkeiten zu überwinden. Solidarität basiert auf dem Verständnis, dass das Glück und Wohlergehen eines jeden Mitglieds der Gemeinschaft das Glück und Wohlergehen aller beeinflussen.

Gemeinschaftsgefühl entsteht aus einem starken Zusammengehörigkeitsgefühl, das Menschen verbindet. Die Identifikation mit der Gemeinschaft geht über individuelle Unterschiede hinaus und schafft ein Bewusstsein für die gemeinsamen Ziele, Werte und Herausforderungen. Menschen erleben ein tiefsitzendes Gefühl der Verbundenheit, das dazu ermutigt, sich füreinander einzusetzen und eine starke Gemeinschaft aufzubauen.

In dieser Welt ohne politische Strukturen wird das Gemeinschaftsgefühl durch partizipative Entscheidungsfindung gestärkt. Menschen haben die Möglichkeit, aktiv an den Prozessen teilzunehmen, die ihr tägliches Leben beeinflussen. Diese partizipative Dynamik fördert eine offene Kommunikation und schafft Vertrauen zwischen den Mitgliedern der Gemeinschaft, was wiederum das Gemeinschaftsgefühl vertieft.

Solidarität und Gemeinschaftsgefühl zeigen sich auch in Zeiten der Herausforderung. Die Gemeinschaft vereint ihre Kräfte, um Naturkatastrophen, Krankheitsausbrüche oder andere Krisen gemeinsam zu bewältigen. Dieses kollektive Handeln beruht auf dem Prinzip, dass in der Solidarität Stärke liegt und dass durch die gemeinsame Anstrengung bessere Lösungen gefunden werden können.

Die Förderung von Solidarität und Gemeinschaftsgefühl erfolgt auch durch kulturelle und soziale Veranstaltungen, die die Vielfalt innerhalb der Gemeinschaft feiern. Festivals, kulturelle Aufführungen und gemeinsame Aktivitäten stärken das Band zwischen den Menschen und schaffen ein Gefühl der Zugehörigkeit, das über individuelle Interessen hinausreicht.

Zusammenfassend schaffen Solidarität und Gemeinschaftsgefühl in einer Welt ohne politische Strukturen eine starke und unterstützende soziale Matrix. Die Menschen erkennen an, dass ihre individuellen Erfahrungen und Schicksale miteinander verflochten sind, und setzen sich gemeinsam für eine harmonische und gerechte Gesellschaft ein. Solidarität und Gemeinschaftsgefühl werden zu Triebkräften für das kollektive Wohlbefinden und eine lebendige, unterstützende Gemeinschaft.

7.5 Bildung für individuelle und gesellschaftliche Entfaltung

In einer Welt ohne Politik wird Bildung zu einem mächtigen Instrument für individuelle Entfaltung und das Wohl der Gesellschaft. Das Bildungssystem orientiert sich an den Prinzipien der Freiheit, Selbstbestimmung und Solidarität, um eine ganzheitliche Entwicklung der Individuen und eine blühende Gemeinschaft zu fördern.

Die Bildung für individuelle Entfaltung konzentriert sich darauf, die Talente, Fähigkeiten und Leidenschaften jedes Einzelnen zu erkennen und zu fördern. Statt standardisierter Lehrpläne betont das Bildungssystem die Anpassung an die Bedürfnisse der Lernenden. Dies ermöglicht es den Menschen, ihre eigenen Interessen zu verfolgen und ihre Fähigkeiten auf eine Weise zu entwickeln, die ihre einzigartige Persönlichkeit widerspiegelt.

Ein entscheidendes Merkmal dieses Bildungssystems ist die Förderung von kritischem Denken und kreativem Ausdruck. Schülerinnen und Schüler werden ermutigt, eigenständig zu denken, Fragen zu stellen und innovative Lösungen für komplexe Probleme zu finden. Dies fördert nicht nur die individuelle Entfaltung, sondern trägt auch zu einer Gesellschaft bei, die offen für neue Ideen und Ansätze ist.

Die Bildung für gesellschaftliche Entfaltung integriert soziale Verantwortung und Solidarität als grundlegende Prinzipien. Schülerinnen und Schüler lernen frühzeitig, wie ihre Handlungen das Gemeinwohl beeinflussen können. Dabei steht die Entwicklung von Empathie, sozialem Engagement und einer starken ethischen Grundlage im Mittelpunkt. Die Bildung legt Wert auf das Verständnis für globale Zusammenhänge und ermutigt zu einer aktiven Teilnahme an gesellschaftlichen Prozessen.

Partizipation ist ein Schlüsselelement dieses Bildungssystems. Schülerinnen und Schüler werden nicht nur als Empfänger von Wissen betrachtet, sondern auch als aktive Teilnehmer in Entscheidungsprozessen. Die partizipative Bildung schafft eine Kultur der Mitbestimmung und ermutigt die Lernenden, ihre Perspektiven einzubringen. Dies stärkt nicht nur ihre individuellen Fähigkeiten, sondern fördert auch eine inklusive und vielfältige Gesellschaft.

Das Bildungssystem fördert eine lebenslange Lernkultur, die sich an den sich wandelnden Bedürfnissen der Gesellschaft orientiert. Individuen werden ermutigt, ihre Fähigkeiten und Kenntnisse kontinuierlich zu erweitern, um sich den Herausforderungen einer sich entwickelnden Welt anzupassen. Diese Flexibilität trägt dazu bei, dass die Gesellschaft dynamisch bleibt und auf neue Entwicklungen proaktiv reagieren kann.

Insgesamt wird Bildung in dieser Welt ohne politische Strukturen zu einem integralen Bestandteil einer blühenden Gesellschaft. Sie schafft Raum für individuelle Entfaltung, fördert soziale Verantwortung und ermöglicht den Menschen, aktiv an der Gestaltung ihrer Gemeinschaft teilzunehmen. Die Bildung wird zu einem kraftvollen Werkzeug, das die Grundlagen für eine freie, selbstbestimmte und solidarische Gesellschaft legt.

7.6 Rechte und Pflichten als ausgewogenes Konzept

In einer Welt ohne Politik bildet das ausgewogene Konzept von Rechten und Pflichten das moralische Fundament einer harmonischen Gesellschaft. Dieses Konzept geht davon aus, dass individuelle Freiheiten mit sozialer Verantwortung einhergehen und schafft eine ausgewogene Dynamik, in der Rechte respektiert werden und Pflichten gleichermaßen geteilt werden.

Die individuellen Rechte jedes Einzelnen werden als unantastbare Grundprinzipien betrachtet. Dazu gehören das Recht auf Selbstbestimmung, Meinungsfreiheit, Glaubensfreiheit und Privatsphäre. Diese Rechte bilden das Rückgrat der persönlichen Autonomie und schützen die Würde jedes Mitglieds der Gesellschaft. Die Anerkennung und Respektierung dieser Rechte schaffen ein Umfeld, in dem Menschen ihre Potenziale entfalten können.

Gleichzeitig wird betont, dass Rechte mit Pflichten gegenüber der Gemeinschaft verbunden sind. Jeder Einzelne trägt die Verantwortung, die Rechte anderer zu respektieren und einen Beitrag zum sozialen Zusammenhalt zu leisten. Diese Pflichten umfassen den Einsatz für das Gemeinwohl, die Unterstützung anderer in Notlagen und die Mitgestaltung einer gerechten Gesellschaft.

Das Konzept von Rechten und Pflichten findet Anwendung in verschiedenen Lebensbereichen. Im wirtschaftlichen Kontext bedeutet dies, dass Unternehmen nicht nur das Recht auf wirtschaftliche Entfaltung haben, sondern auch die Pflicht, ethische Geschäftspraktiken zu verfolgen und einen positiven Beitrag zur Gesellschaft zu leisten. Individuen haben das Recht auf Bildung, aber gleichzeitig die Pflicht, ihre Bildungsmöglichkeiten bestmöglich zu nutzen und das erlangte Wissen für das Gemeinwohl einzusetzen.

Rechte und Pflichten sind auch in Bezug auf die Umwelt von Bedeutung. Das Recht auf eine gesunde Umwelt geht Hand in Hand mit der Pflicht, diese Umwelt zu schützen und nachhaltige Praktiken zu fördern. Jeder Einzelne wird dazu ermutigt, bewusste Entscheidungen zu treffen, um Ressourcen zu schonen und die ökologische Balance zu erhalten.

Die Ausgewogenheit von Rechten und Pflichten wird durch partizipative Entscheidungsfindung gestärkt. Menschen haben nicht nur das Recht, an Entscheidungsprozessen teilzunehmen, sondern auch die Pflicht, aktiv dazu beizutragen. Diese partizipative Dynamik schafft eine transparente Gesellschaft, in der die Interessen und Bedürfnisse aller Mitglieder gleichermaßen berücksichtigt werden.

Insgesamt bildet das ausgewogene Konzept von Rechten und Pflichten das Grundgerüst einer Gesellschaft ohne politische Strukturen. Es schafft einen Raum, in dem individuelle Freiheiten geschätzt und gleichzeitig soziale Verantwortung gelebt wird. Durch die bewusste Integration von Rechten und Pflichten entsteht eine ausgewogene und gerechte Gesellschaft, die auf Respekt, Solidarität und einem tiefen Verständnis für das gemeinsame Wohl basiert.

7.7 Konfliktlösung durch Dialog und Mediation

In einer Welt ohne Politik steht die Konfliktlösung im Zentrum eines ausgewogenen sozialen Gefüges, das auf Dialog und Mediation basiert. Statt auf autoritäre Mechanismen setzt diese Gesellschaft auf den Grundsatz, Konflikte durch offene Kommunikation und gemeinsame Lösungsfindung zu bewältigen. Der Dialog und die Mediation dienen als Schlüsselinstrumente, um die Vielfalt der Standpunkte zu verstehen und zu einem friedlichen Miteinander zu gelangen.

Der Dialog wird als grundlegender Weg betrachtet, um unterschiedliche Perspektiven zu verstehen und Gemeinsamkeiten zu finden. Menschen werden ermutigt, aktiv zuzuhören, ihre Gedanken zu teilen und sich auf konstruktive Weise mit anderen auszutauschen. Der Dialog schafft eine Kultur des Respekts und der Offenheit, die es ermöglicht, Missverständnisse zu klären und gemeinsame Lösungen zu entwickeln.

Die Mediation wird als strukturierte Form des Dialogs eingesetzt, um Konflikte effektiv zu lösen. Unabhängige Vermittler, die keine autoritären Entscheidungsbefugnisse haben, unterstützen die Konfliktparteien dabei, ihre Anliegen zu äußern, gemeinsame Interessen zu identifizieren und Lösungen zu erarbeiten. Die Mediation fördert Eigenverantwortung und Selbstbestimmung, da die Beteiligten aktiv an der Gestaltung von Lösungen teilnehmen.

In dieser Gesellschaft ohne politische Strukturen gibt es Mechanismen, um den Dialog und die Mediation in verschiedenen Kontexten zu fördern. Bildung spielt eine entscheidende Rolle, indem sie Konfliktlösungskompetenzen vermittelt und die Fähigkeiten zur konstruktiven Kommunikation stärkt. Individuen werden dazu ermutigt, Konflikte nicht als Hindernisse, sondern als Chancen zur Weiterentwicklung zu betrachten.

Die partizipative Entscheidungsfindung unterstützt auch den Dialog und die Mediation. Durch die aktive Beteiligung der Betroffenen an Entscheidungsprozessen werden Konflikte von Anfang an vermieden oder rechtzeitig erkannt, was den Raum für frühzeitige und konstruktive Lösungen schafft.

Konfliktlösung durch Dialog und Mediation trägt dazu bei, dass individuelle und gemeinschaftliche Beziehungen gestärkt werden. Der Fokus liegt nicht auf der Bestrafung, sondern auf der Entwicklung von Verständnis, Empathie und der Suche nach gemeinsamen Interessen. Dies schafft eine Gesellschaft, die in der Lage ist, Konflikte auf respektvolle Weise zu bewältigen und dadurch langfristige Harmonie und Zusammenhalt zu fördern.

Insgesamt wird in dieser Welt ohne Politik die Konfliktlösung als integrativer Bestandteil einer reifen und verantwortungsbewussten Gesellschaft betrachtet. Durch den Dialog und die Mediation wird nicht nur auf kurzfristige Problemlösungen abgezielt, sondern auf die Schaffung eines dauerhaften Rahmens für eine friedliche Koexistenz, der auf gegenseitigem Respekt, Verständnis und Solidarität basiert.

7.8 Schutz vor Machtmissbrauch und Diskriminierung

In einer Welt ohne Politik steht der Schutz vor Machtmissbrauch und Diskriminierung im Mittelpunkt der Bemühungen, eine gerechte und ausgewogene Gesellschaft zu schaffen. Diese Gesellschaft erkennt die Notwendigkeit an, Mechanismen zu etablieren, die die Machtverteilung transparent machen und sicherstellen, dass keine Form von Diskriminierung geduldet wird. Durch präventive Maßnahmen, Bildung und partizipative Strukturen wird ein Umfeld geschaffen, das individuelle Freiheiten wahrt und vor jeglicher Form von Missbrauch schützt.

Ein zentraler Aspekt des Schutzes vor Machtmissbrauch ist die Etablierung transparenter und rechenschaftspflichtiger Strukturen. Institutionen und Organisationen werden daraufhin ausgerichtet, ihre Entscheidungsprozesse offen zu legen und sicherzustellen, dass Macht nicht in den Händen weniger konzentriert wird. Dies schafft eine Umgebung, in der die Ausübung von Macht einer ständigen Überprüfung und Rückmeldung unterliegt.

Bildung spielt eine Schlüsselrolle, um Bewusstsein für Machtstrukturen und potenziellen Missbrauch zu schaffen. Menschen werden dazu ermutigt, kritisch über Machtverhältnisse nachzudenken und Diskriminierung in all ihren Formen zu erkennen. Dies fördert nicht nur das Verständnis für individuelle Rechte, sondern schafft auch eine Kultur der Solidarität, in der Menschen sich gegen Machtmissbrauch einsetzen.

Partizipative Strukturen ermöglichen es den Menschen, aktiv an Entscheidungsprozessen teilzunehmen und die Machtverteilung mitzugestalten. Dies verhindert, dass Macht in den Händen weniger Zentralfiguren konzentriert wird, und fördert eine breitere, ausgewogenere Beteiligung. Die Einbeziehung verschiedener Perspektiven schafft eine dynamische und inklusive Gesellschaft, die Diskriminierung und Machtmissbrauch proaktiv entgegenwirkt.

Ein umfassender rechtlicher Rahmen schützt vor Diskriminierung in allen Lebensbereichen. Gesetze, die auf Gleichberechtigung und Nichtdiskriminierung abzielen, dienen als fester Boden, auf dem die Gesellschaft aufgebaut ist. Dieser Schutz erstreckt sich über verschiedene Merkmale wie Geschlecht, Rasse, Religion, sexuelle Orientierung und andere potenzielle Diskriminierungsgründe.

Ein Bewusstsein für die Prävention von Machtmissbrauch und Diskriminierung ist in der Erziehung verankert. Schulen und Bildungseinrichtungen lehren nicht nur Fachkenntnisse, sondern fördern auch Werte wie Respekt, Toleranz und Gleichberechtigung. Dies trägt dazu bei, eine Generation von Menschen heranzubilden, die Macht auf verantwortungsbewusste Weise ausüben und Diskriminierung aktiv bekämpfen.

Insgesamt bildet der Schutz vor Machtmissbrauch und Diskriminierung das ethische Rückgrat einer Gesellschaft ohne politische Strukturen. Durch transparente, partizipative und rechenschaftspflichtige Strukturen, Bildung und rechtliche Sicherheiten wird eine Umgebung geschaffen, in der individuelle Freiheiten respektiert werden und jegliche Form von Missbrauch aktiv bekämpft wird. Dies trägt dazu bei, eine gerechte und inklusive Gemeinschaft zu formen, in der jeder Mensch vor Diskriminierung geschützt ist und die Chancengleichheit und Gerechtigkeit fördert.

KAPITEL 8: KRITIK UND HERAUSFORDERUNGEN

In diesem Kapitel haben wir einige der potenziellen Kritikpunkte und Herausforderungen betrachtet, die bei der Umsetzung einer politikfreien Gesellschaft auftreten könnten. Diese Überlegungen sollen dazu dienen, eine ausgewogene Perspektive auf das Konzept zu bieten und mögliche Wege aufzeigen, wie mit diesen Herausforderungen umgegangen werden könnte. Es ist wichtig zu betonen, dass die Idee einer politikfreien Welt als hypothetisches Konzept betrachtet werden sollte und weiterhin differenzierte Überlegungen erfordert.

Eine Welt ohne Politik mag auf den ersten Blick wie eine utopische Vision erscheinen, die auf ideellen Grundprinzipien basiert. Doch bei aller Innovativität und den positiven Aspekten birgt dieses Konzept auch kritische Überlegungen und Herausforderungen, denen gegenübergetreten werden muss. In diesem Kapitel werfen wir einen differenzierten Blick auf die möglichen Kritikpunkte und Herausforderungen, denen eine politikfreie Gesellschaft gegenüberstehen könnte.

8.1 Komplexität der Entscheidungsfindung

Eine der zentralen Herausforderungen in einer politikfreien Welt liegt in der Bewältigung der Komplexität bei der Entscheidungsfindung. Der Verzicht auf formale politische Strukturen, die traditionell als Entscheidungsinstanzen dienen, könnte dazu führen, dass die Herbeiführung von Entscheidungen auf individueller oder gemeinschaftlicher Ebene erschwert wird.

Ohne klare institutionelle Richtlinien könnten die Prozesse der Meinungsbildung und Entscheidungsfindung länger dauern, da eine Vielzahl von Stimmen und Perspektiven berücksichtigt werden müssen. Insbesondere in globalen Angelegenheiten oder in Situationen, die eine koordinierte Handlung erfordern, könnte die Abwesenheit formeller politischer Mechanismen die Fähigkeit zur raschen und effektiven Entscheidungsfindung beeinträchtigen.

Ein weiteres Problem könnte in der Handhabung von kontroversen Themen liegen. Ohne politische Strukturen, die formelle Regeln für den Umgang mit Konflikten und unterschiedlichen Standpunkten vorsehen, besteht die Gefahr, dass kontroverse Diskussionen zu Pattsituationen führen oder von informellen Machtstrukturen beeinflusst werden.

Die Komplexität der Entscheidungsfindung könnte auch zu einer übermäßigen Abhängigkeit von informellen Führungspersönlichkeiten oder Gruppen führen, die möglicherweise nicht demokratischen Prinzipien folgen. Dies könnte in einer politikfreien Welt zu informellen Hierarchien und Machtstrukturen führen, die zwar nicht formell legitimiert sind, aber dennoch erheblichen Einfluss ausüben.

Es wäre von entscheidender Bedeutung, Mechanismen zu entwickeln, die eine effiziente und demokratische Entscheidungsfindung in einer politikfreien Gesellschaft ermöglichen. Dies könnte die Etablierung von transparenten partizipativen Prozessen, klaren Verfahren zur Konfliktlösung und die Förderung von Bildungseinrichtungen zur Stärkung von Entscheidungskompetenzen umfassen. Der Umgang mit der Komplexität der Entscheidungsfindung ist somit ein wesentlicher Aspekt, der bei der Gestaltung einer politikfreien Welt sorgfältig berücksichtigt werden muss.

8.2 Schutz vor Machtvakuum

Ein bedeutendes Anliegen bei der Diskussion über eine politikfreie Welt bezieht sich auf die mögliche Entstehung eines

Machtvakuums und die damit verbundenen Herausforderungen. Der Verzicht auf etablierte politische Strukturen könnte die Tür für alternative Machtformen öffnen, die nicht zwangsläufig demokratischen Prinzipien folgen. Dieses Szenario birgt potenzielle Risiken, die es zu adressieren gilt, um die Entstehung unkontrollierter Machtkonzentration zu verhindern.

Ohne klare institutionelle Richtlinien und Kontrollmechanismen besteht die Gefahr, dass informelle Machtstrukturen entstehen, die möglicherweise nicht demokratisch legitimiert sind. Dies könnte zu einer ungleichen Verteilung von Einfluss und Entscheidungsbefugnissen führen, was wiederum Machtmissbrauch begünstigen könnte.

Um ein Machtvakuum zu verhindern, ist es von entscheidender Bedeutung, Mechanismen zur Machtkontrolle und -begrenzung zu etablieren. Dies könnte die Förderung von Transparenz, Rechenschaftspflicht und partizipativen Strukturen beinhalten, die sicherstellen, dass Entscheidungen auf breiter Basis getroffen werden und nicht in den Händen weniger Zentralfiguren konzentriert sind.

Eine bewusste Sensibilisierung für die potenziellen Gefahren eines Machtvakuums ist ebenfalls von Bedeutung. Bildungseinrichtungen könnten eine Schlüsselrolle dabei spielen, Menschen für die Wichtigkeit von demokratischen Prinzipien und der Vermeidung unkontrollierter Machtkonzentration zu sensibilisieren.

Partizipative Entscheidungsfindung und demokratische Prozesse sind wesentliche Elemente, um sicherzustellen, dass Macht auf vielfältige Weise verteilt wird. Dies könnte die Einrichtung von Räten, Foren oder anderen Organen umfassen, die breite Beteiligung ermöglichen und sicherstellen, dass verschiedene Interessen angemessen repräsentiert sind.

Insgesamt erfordert der Schutz vor einem Machtvakuum in einer politikfreien Welt eine sorgfältige Gestaltung von institutionellen Mechanismen, Bildungsmaßnahmen und demokratischen Prozessen. Die Vermeidung von unkontrollierter Machtkonzentration ist von grundlegender Bedeutung, um sicherzustellen, dass eine politikfreie Gesellschaft auf Prinzipien der Gleichheit, Freiheit und Rechenschaftspflicht basiert.

8.3 Bedrohung der Rechtsstaatlichkeit

Die Abschaffung politischer Strukturen in einer Welt ohne Politik wirft zwangsläufig Fragen zur Sicherung der Rechtsstaatlichkeit auf. Ohne klare institutionelle Rahmenbedingungen könnten individuelle Freiheiten und Rechte anfällig für Missbrauch werden, da die Gewährleistung eines fairen und gerechten Rechtssystems herausfordernder wird.

Ein zentrales Anliegen besteht darin, wie Gesetze formuliert, durchgesetzt und interpretiert werden, wenn es keine formellen politischen Institutionen gibt, die diese Prozesse regeln. Die Bedrohung der Rechtsstaatlichkeit könnte durch eine informelle Ausübung von Macht oder durch das Fehlen klarer Rechtsstrukturen entstehen, die individuelle Freiheiten schützen. Eine mögliche Lösung besteht darin, alternative rechtliche Mechanismen zu etablieren, die auf Prinzipien wie Gerechtigkeit, Fairness und Gleichheit basieren. Dies könnte die Schaffung unabhängiger juristischer Gremien, Schiedsgerichte oder anderer Instanzen umfassen, die darauf abzielen, die Rechte der Individuen zu wahren und den Rechtsstaat zu stärken.

Bildung spielt eine entscheidende Rolle, um das Bewusstsein für rechtliche Prinzipien zu fördern und Menschen mit den Instrumenten auszustatten, um ihre Rechte zu verteidigen. Die Entwicklung von rechtlichem Verständnis und kritischem Denken trägt dazu bei, eine Kultur der Rechtsstaatlichkeit zu fördern, selbst wenn formelle politische Strukturen fehlen.

Die Einführung partizipativer Prozesse in der Rechtsgestaltung könnte sicherstellen, dass die Bevölkerung aktiv in die Entwicklung von Gesetzen und rechtlichen Normen eingebunden ist. Dies fördert nicht nur die Legitimität des Rechtssystems, sondern stellt auch sicher, dass verschiedene Perspektiven und Interessen angemessen berücksichtigt werden.

Es ist entscheidend, alternative Modelle der Rechtsstaatlichkeit zu erforschen und sicherzustellen, dass sie den Kernprinzipien von Gerechtigkeit und individuellen Freiheiten entsprechen. Die Bedrohung der Rechtsstaatlichkeit erfordert daher eine sorgfältige Ausgestaltung von Mechanismen, die den Schutz der Rechte jedes Einzelnen gewährleisten, selbst in Abwesenheit traditioneller politischer Strukturen.

8.4 Gefahr von Spaltungen und Fragmentierung

Die Idee einer politikfreien Welt birgt die potenzielle Gefahr von sozialer Spaltung und Fragmentierung. Traditionelle politische Institutionen haben oft die Funktion, eine gemeinsame Identität zu fördern und stabilisierende Kräfte in der Gesellschaft zu sein. Mit ihrer Abschaffung könnte eine Zersplitterung in unterschiedliche Interessensgruppen und Gemeinschaften drohen.

Ohne eine klare politische Struktur, die als Bindeglied fungiert, könnte das Fehlen einer gemeinsamen Identität zu Isolationismus führen. Gruppen könnten sich in ihren eigenen Überzeugungen und Werten abschotten, was zu einem Mangel an Verständnis und Zusammenhalt zwischen den verschiedenen Teilen der Gesellschaft führen könnte.

Die Herausforderung besteht darin, Mechanismen zu entwickeln, die eine integrative und kooperative Kultur fördern. Dies könnte durch die Stärkung von gemeinsamen Werten, kultureller Austauschprogramme und partizipative Entscheidungsfindung erreicht werden, die sicherstellen, dass verschiedene Stimmen gehört und respektiert werden.

Bildung spielt eine zentrale Rolle, um ein Verständnis für Vielfalt und gemeinsame Ziele zu fördern. Durch eine Bildung, die auf Respekt und Toleranz basiert, können Menschen in einer politikfreien Welt lernen, wie sie mit Unterschieden umgehen und eine inklusive Gesellschaft schaffen können.

Partizipative Strukturen, die verschiedene Interessen vertreten, könnten ebenfalls dazu beitragen, Fragmentierung zu verhindern. Wenn Menschen das Gefühl haben, dass ihre Stimmen gehört werden und sie aktiv an Entscheidungsprozessen teilnehmen können, steigt die Wahrscheinlichkeit einer integrativen Gesellschaft.

Es wäre entscheidend, Bewusstsein für die Gefahr von Spaltungen zu schaffen und Maßnahmen zu ergreifen, um einen inklusiven und kooperativen Geist zu fördern. Die Entwicklung von kreativen Modellen, die Vielfalt schätzen und den Zusammenhalt stärken, ist von grundlegender Bedeutung, um die potenzielle Gefahr von Spaltungen und Fragmentierung in einer politikfreien Welt zu adressieren.

8.5 Wirtschaftliche Stabilität

Die Abschaffung traditioneller politischer Strukturen in einer politikfreien Welt könnte Auswirkungen auf die wirtschaftliche Stabilität haben. Politische Institutionen spielen oft eine Rolle bei der Regulierung von Wirtschaftsaktivitäten und dem Schutz vor Instabilität. Ohne klare politische Leitlinien stellt sich die Frage, wie die Wirtschaft aufrechterhalten und vor potenziellen Gefahren geschützt werden kann.

Ein möglicher Ansatz besteht darin, alternative Formen der wirtschaftlichen Organisation zu entwickeln, die auf Prinzipien wie Kooperation, nachhaltiger Produktion und Ressourcenmanagement basieren. Selbstverwaltete Wirtschaftsgemeinschaften könnten eine Rolle spielen, indem sie Entscheidungen kollektiv treffen und sicherstellen, dass wirtschaftliche Aktivitäten im Einklang mit den Bedürfnissen der Gemeinschaft stehen.

Lokale und nachhaltige Produktion könnten eine Schlüsselrolle bei der Erreichung wirtschaftlicher Stabilität spielen. Die Förderung von Produktionsmodellen, die lokale Ressourcen nutzen und Umweltauswirkungen minimieren, könnte dazu beitragen, eine nachhaltige und widerstandsfähige Wirtschaft aufzubauen.

Ressourcenmanagement und Gemeinschaftswohl könnten in einer politikfreien Welt eng miteinander verknüpft sein. Durch partizipative Prozesse und demokratische Entscheidungsfindung könnten Gemeinschaften gemeinsam über die Nutzung von Ressourcen entscheiden und sicherstellen, dass die wirtschaftlichen Aktivitäten dem Gemeinwohl dienen.

Die Einführung von Gemeinschaftsbanken und Finanzdemokratie könnte dazu beitragen, die wirtschaftliche Macht breiter zu streuen und den Zugang zu Finanzmitteln zu erleichtern. Dies könnte insbesondere kleinen Unternehmen und lokalen Initiativen zugutekommen und eine diversifizierte und widerstandsfähige Wirtschaft fördern.

Kooperative Wirtschaftsstrukturen könnten eine alternative Form der Organisation bieten, bei der die Arbeiter oder Mitglieder gemeinsam Eigentümer und Entscheidungsträger sind. Dies könnte zu einer gerechteren Verteilung von Ressourcen und Entscheidungsbefugnissen führen, was wiederum die wirtschaftliche Stabilität fördern könnte.

Die Bildung für Wirtschaftskompetenz und -ethik könnte einen wichtigen Beitrag zur Entwicklung einer stabilen Wirtschaft leisten. Individuen könnten befähigt werden, wirtschaftliche Entscheidungen kritisch zu hinterfragen, ethische Prinzipien zu berücksichtigen und aktiv zu einer nachhaltigen Wirtschaft beizutragen.

Insgesamt erfordert die Sicherung wirtschaftlicher Stabilität in einer politikfreien Welt die Entwicklung innovativer Modelle, die auf Kooperation, Nachhaltigkeit und demokratischer Mitbestimmung basieren. Der Fokus liegt darauf, eine Wirtschaft zu schaffen, die den Bedürfnissen der Gemeinschaft dient, Ressourcen verantwortungsbewusst verwaltet und breite Partizipation ermöglicht.

8.6 Gefahr des Autoritarismus

In einer politikfreien Welt besteht die potenzielle Gefahr der Entstehung informeller, autoritärer Machtstrukturen, die nicht demokratischen Prinzipien folgen. Der Verzicht auf traditionelle politische Institutionen könnte eine Lücke hinterlassen, die von informellen Gruppen oder Führungspersönlichkeiten genutzt wird, um Macht zu akkumulieren und auszuüben.

Die Gefahr des Autoritarismus liegt darin, dass Entscheidungen und Richtlinien möglicherweise nicht demokratisch legitimiert sind und von einer kleinen Gruppe oder einer Einzelperson getroffen werden. Dies könnte zu einem Mangel an Rechenschaftspflicht führen, da informelle Autoritäten nicht denselben Prüfmechanismen unterliegen wie formelle politische Strukturen.

Um die Gefahr des Autoritarismus zu minimieren, ist es entscheidend, Mechanismen zur Machtbegrenzung und -kontrolle zu etablieren. Transparente, partizipative Prozesse und demokratische Entscheidungsfindung können sicherstellen, dass die Macht breit verteilt ist und keine informellen autoritären Strukturen entstehen.

Eine bewusste Sensibilisierung für die Risiken des Autoritarismus ist ebenfalls von Bedeutung. Bildungseinrichtungen könnten eine Schlüsselrolle dabei spielen, Menschen für die Werte der Demokratie zu sensibilisieren und ein Bewusstsein für die Gefahren informeller Machtausübung zu schaffen.

Partizipative Strukturen, die verschiedene Interessen repräsentieren, könnten dazu beitragen, die Gefahr des Autoritarismus zu minimieren. Wenn Menschen das Gefühl haben, dass ihre Stimmen gehört werden und sie aktiv an Entscheidungsprozessen teilnehmen können, steigt die Wahrscheinlichkeit, dass die Macht gleichmäßig verteilt wird.

Ein rechtlicher Rahmen, der demokratische Prinzipien festigt, ist unerlässlich. Die Einführung von Gesetzen und Normen, die die Rechte und Freiheiten der Individuen schützen, kann dazu beitragen, informellen Autoritarismus einzudämmen und eine Grundlage für eine gerechte Gesellschaft zu schaffen.

Insgesamt erfordert die Bewältigung der Gefahr des Autoritarismus in einer politikfreien Welt einen gezielten Ansatz, der auf demokratischen Prinzipien, Rechenschaftspflicht und einer breiten Beteiligung basiert. Es geht darum, Mechanismen zu schaffen, die sicherstellen, dass Macht transparent,

THOMAS KANY

verantwortungsbewusst und demokratisch ausgeübt wird.

KAPITEL 9: KULTURELLE ENTWICKLUNGEN

Das Fehlen traditioneller politischer Strukturen in einer politikfreien Welt hätte tiefgreifende Auswirkungen auf kulturelle Entwicklungen. In diesem Kapitel werden die möglichen Auswirkungen auf Kunst, Kultur, Werte und Identität in einer Gesellschaft ohne formelle politische Institutionen betrachtet.

9.1 Freiheit und Kreativität in der Kunst

Die Absenz traditioneller politischer Strukturen eröffnet einen Raum von ungebundener Freiheit und kreativem Ausdruck in der Kunst. Künstlerinnen und Künstler würden von politischen Zwängen befreit, was zu einer Blüte der künstlerischen Schöpfung führen könnte. Ohne Furcht vor Zensur oder ideologischer Einflussnahme könnten Kunstschaffende ihre Werke mit einer neuen Intensität und Vielfalt gestalten.

Die Freiheit in der Kunst könnte sich in verschiedenen Formen manifestieren – von avantgardistischen Experimenten bis hin zu alternativen Ausdrucksformen, die traditionelle Grenzen überschreiten. Die Abwesenheit politischer Restriktionen ermöglicht es Künstlerinnen und Künstlern, Themen anzusprechen, die zuvor als kontrovers oder unangepasst galten, und somit einen Raum für kulturelle Revolution und künstlerische Innovation zu schaffen.

Künstlerische Kreativität könnte sich auch in der Form von interdisziplinären Projekten entfalten, wenn verschiedene künstlerische Disziplinen miteinander verschmelzen. Dies könnte zu neuen Ausdrucksformen führen, die die Grenzen von Kunstformen erweitern und zu einer reichhaltigen und dynamischen kulturellen Landschaft beitragen.

Die Freiheit und Kreativität in der Kunst könnten dazu beitragen, neue Perspektiven auf gesellschaftliche Fragen zu öffnen und den Dialog über bedeutungsvolle Themen zu fördern. Dies könnte die Rolle der Kunst als kritischer Spiegel der Gesellschaft stärken und dazu beitragen, tiefgreifende Veränderungen und Reflexionen in der kollektiven Wahrnehmung herbeizuführen.

Dennoch würden diese Freiheiten auch mit Verantwortlichkeiten einhergehen – Künstlerinnen und Künstler müssten ihre Werke mit einem Bewusstsein für die sozialen Auswirkungen schaffen. Das Streben nach Freiheit in der Kunst würde somit nicht nur die individuelle Schöpfung, sondern auch die kollektive Bereicherung durch eine vielfältige und anspruchsvolle kulturelle Landschaft fördern.

9.2 Vielfalt der kulturellen Ausdrucksformen

In einer politikfreien Welt könnte die Vielfalt der kulturellen Ausdrucksformen eine zentrale Rolle spielen, da keine formalen politischen Strukturen eine bestimmte kulturelle Norm durchsetzen würden. Dieser Mangel an politischer Einflussnahme könnte eine kulturelle Renaissance ermöglichen, in der verschiedene Lebensweisen, Bräuche und kulturelle Praktiken gleichermaßen gefördert werden.

Die kulturelle Vielfalt könnte sich auf unterschiedliche Ebenen entfalten, beginnend mit der Sprache. Ohne politische Vorgaben könnte eine breite Palette von Sprachen, Dialekten und Ausdrucksformen gedeihen. Dies könnte dazu beitragen, die kulturelle Identität zu stärken und den Reichtum der menschlichen Kommunikation zu betonen.

Darüber hinaus würde die kulturelle Vielfalt auch die Künste und Traditionen prägen. Verschiedene Formen der Musik, des Tanzes, der Malerei, der Literatur und anderer künstlerischer Ausdrucksformen könnten gleichberechtigt nebeneinander existieren und sich gegenseitig beeinflussen. Dies würde nicht nur die individuelle Kreativität fördern, sondern auch zu einem kulturellen Schmelztiegel beitragen.

Die Anerkennung und Förderung von kultureller Vielfalt könnte über Bildungsinstitutionen erfolgen, die den Reichtum unterschiedlicher Traditionen vermitteln und die Wertschätzung für diverse kulturelle Hintergründe fördern. Interkulturelle Programme und Austauschinitiativen könnten den Dialog zwischen verschiedenen Gemeinschaften fördern und zu einem gegenseitigen Verständnis beitragen.

Die Vielfalt der kulturellen Ausdrucksformen könnte auch auf die kulinarische Vielfalt, architektonische Stile und soziale Bräuche ausgedehnt werden. Gemeinschaften könnten ihre Identität durch ihre einzigartigen kulturellen Praktiken bewahren und dabei gleichzeitig offen für den kulturellen Austausch und die Integration neuer Ideen sein.

Insgesamt würde die Vielfalt der kulturellen Ausdrucksformen in einer politikfreien Welt nicht nur die individuelle Identität stärken, sondern auch eine reiche und dynamische Gesellschaft formen, die von einer breiten Palette kultureller Einflüsse geprägt ist.

9.3 Gemeinsame Werte und Identität

In einer politikfreien Welt könnte die Entwicklung gemeinsamer Werte und einer geteilten Identität von entscheidender Bedeutung sein. Ohne formelle politische Institutionen, die als gemeinsamer Nenner fungieren, würde die Gesellschaft nach anderen Bindungselementen suchen, um ihre Einheit zu stärken. Hier könnten gemeinsame Werte als verbindendes Element dienen.

Gemeinsame Werte könnten auf Prinzipien wie Gerechtigkeit, Solidarität, Nachhaltigkeit und Menschenrechten basieren. Diese Werte könnten durch partizipative Prozesse und demokratische Entscheidungsfindung entwickelt werden, wodurch sie eine breite Akzeptanz und Legitimität in der Gesellschaft erfahren würden. Sie könnten als Grundlage für Gesetze, Normen und Verhaltensregeln dienen, die das Zusammenleben in dieser politikfreien Welt regeln.

Die Förderung dieser gemeinsamen Werte könnte durch Bildungseinrichtungen erfolgen, die nicht nur Wissen vermitteln, sondern auch die Werte des Respekts, der Toleranz und der Zusammenarbeit betonen. Die Entwicklung kultureller Programme und interaktiver Initiativen könnte dazu beitragen, diese Werte in den Alltag zu integrieren und das Bewusstsein für ihre Bedeutung zu schärfen.

Die geteilte Identität könnte sich aus der Betonung gemeinsamer historischer Erfahrungen und kultureller Traditionen ergeben. Dies könnte in Form von symbolischen Elementen, Feierlichkeiten und kulturellen Ritualen zum Ausdruck kommen, die eine gemeinsame Geschichte und Identität festigen. Gemeinsame Sprachen könnten auch als Bindeglied dienen, um eine gemeinsame Kommunikationsbasis zu schaffen.

Die Herausforderung besteht darin, eine Balance zu finden, die die Vielfalt der individuellen Identitäten respektiert, während gleichzeitig eine übergeordnete gemeinsame Identität gestärkt wird. Partizipation und Inklusivität in Entscheidungsprozessen könnten sicherstellen, dass verschiedene Perspektiven und Stimmen in der Formulierung dieser gemeinsamen Werte und Identität vertreten sind.

Insgesamt könnte die Entwicklung von gemeinsamen Werten und einer geteilten Identität in einer politikfreien Welt eine starke Grundlage für soziale Kohäsion, Zusammenhalt und die Förderung einer gemeinsamen Vision für die Zukunft bilden.

9.4 Bildung für Kulturelle Kompetenz

In einer politikfreien Welt würde die Bildung einen entscheidenden Beitrag zur Förderung kultureller Kompetenz leisten, da das Verständnis und die Wertschätzung von Vielfalt im Mittelpunkt stehen würden. Der Lehrplan könnte darauf abzielen, Schülerinnen und Schüler auf eine Welt vorzubereiten, in der verschiedene kulturelle Hintergründe als Bereicherung betrachtet werden.

Kulturelle Kompetenz in der Bildung würde über das bloße Vermitteln von Fakten hinausgehen und sich auf die Entwicklung von interkulturellen Fähigkeiten konzentrieren. Schülerinnen und Schüler würden lernen, kulturelle Unterschiede zu respektieren, sich offen für diverse Perspektiven zu zeigen und interkulturelle Kommunikation zu fördern.

Ein zentraler Bestandteil wäre die Vermittlung von Wissen über verschiedene Kulturen, Traditionen und Lebensweisen. Dies könnte durch Studium von Literatur, Kunst, Musik und Geschichte aus verschiedenen Teilen der Welt geschehen. Der Fokus läge darauf, die Schülerinnen und Schüler zu befähigen, kulturelle Unterschiede nicht nur zu erkennen, sondern auch zu schätzen und zu verstehen.

Interkulturelle Sensibilität könnte durch erlebnisorientierte Lernansätze gefördert werden, wie zum Beispiel Austauschprogramme, interkulturelle Projekte und Reisen. Diese Erfahrungen könnten dazu beitragen, Vorurteile abzubauen, Stereotypen zu überwinden und eine persönliche Verbindung zu anderen Kulturen aufzubauen.

Die Bildung für kulturelle Kompetenz würde auch die Förderung von Empathie und Verständnis für die Lebensrealitäten anderer Menschen umfassen. Durch Diskussionen, Dialoge und Gruppenaktivitäten könnten Schülerinnen und Schüler lernen, sich in verschiedene Perspektiven hineinzuversetzen und die Bedeutung kultureller Vielfalt für eine gemeinsame Menschheit zu erkennen.

Partizipation in Entscheidungsprozessen innerhalb der Bildungseinrichtungen könnte sicherstellen, dass verschiedene kulturelle Stimmen gehört und respektiert werden. Lehrerinnen und Lehrer könnten eine Schlüsselrolle dabei spielen, eine inklusive Lernumgebung zu schaffen, in der Vielfalt als Stärke betrachtet wird.

Insgesamt würde die Bildung für kulturelle Kompetenz in einer politikfreien Welt nicht nur dazu dienen, Wissen zu vermitteln, sondern auch die Fähigkeiten fördern, sich in einer vielfältigen und globalisierten Welt erfolgreich zu bewegen. Diese Bildung würde darauf abzielen, Brücken zwischen Kulturen zu bauen und eine Generation von globalen Bürgern zu formen, die mit Respekt und Offenheit gegenüber kulturellen Unterschieden agieren.

9.5 Kultureller Austausch und Interaktion

In einer politikfreien Welt würde kultureller Austausch und Interaktion eine bedeutende Rolle bei der Gestaltung einer reichen und dynamischen Gesellschaft spielen. Ohne politische Barrieren könnten Menschen frei reisen, Ideen austauschen und in einen offenen Dialog über kulturelle Unterschiede treten.

Der kulturelle Austausch würde nicht nur auf internationaler Ebene stattfinden, sondern auch innerhalb von Gemeinschaften und Regionen. Menschen könnten ihre eigenen kulturellen Praktiken teilen und gleichzeitig neue Ideen und Perspektiven aus anderen Kulturen aufnehmen. Dieser Austausch könnte zu einem gegenseitigen Verständnis und einer tieferen Wertschätzung für Vielfalt führen.

Interkulturelle Interaktionen könnten in verschiedenen Bereichen des Lebens stattfinden, angefangen bei Bildungsprogrammen über künstlerische Kooperationen bis hin zu wirtschaftlicher Zusammenarbeit. Gemeinsame Projekte und Initiativen könnten Menschen unterschiedlicher kultureller Hintergründe dazu bringen, gemeinsam an Lösungen für globale Herausforderungen zu arbeiten und voneinander zu lernen.

Der kulturelle Austausch könnte durch Festivals, Veranstaltungen und kulturelle Programme verstärkt werden, die eine Plattform für den Austausch von Ideen und Ausdrucksformen bieten. Diese Veranstaltungen könnten dazu beitragen, Barrieren abzubauen, Stereotypen zu überwinden und eine Atmosphäre der Zusammenarbeit zu schaffen.

Die Förderung von Sprachkenntnissen könnte ein integraler Bestandteil des kulturellen Austauschs sein. Das Erlernen verschiedener Sprachen könnte nicht nur die Kommunikation verbessern, sondern auch das Verständnis für die Nuancen und Reichtümer verschiedener kultureller Ausdrucksformen vertiefen.

Die Technologie könnte eine entscheidende Rolle bei der Erleichterung des kulturellen Austauschs spielen, indem sie Menschen aus verschiedenen Teilen der Welt miteinander verbindet. Virtuelle Plattformen könnten den Austausch von Ideen, Kunstwerken und kulturellem Erbe ermöglichen, unabhängig von geografischen Entfernungen.

Insgesamt würde der kulturelle Austausch und die Interaktion in einer politikfreien Welt eine lebendige und dynamische Gesellschaft fördern, die auf dem Respekt vor Vielfalt und dem offenen Austausch von Ideen aufbaut. Es wäre eine Welt, in der Menschen ihre Einzigartigkeit feiern und gleichzeitig die Gemeinsamkeiten schätzen, die sie als Teil einer globalen Menschheit verbinden.

9.6 Herausforderungen und Chancen

In einer politikfreien Welt, die von kultureller Vielfalt, gemeinsamen Werten und interkulturellem Austausch geprägt ist, ergeben sich sowohl Herausforderungen als auch Chancen. Der Weg zu einer solchen Gesellschaft ist komplex und erfordert ein bewusstes Management der Dynamiken, die sich aus dieser neuen Form des Zusammenlebens ergeben.

Herausforderungen:

1. **Kulturelle Missverständnisse und Konflikte:** Trotz aller Bemühungen um interkulturelle Sensibilisierung könnten Missverständnisse und Konflikte aufgrund unterschiedlicher Wertvorstellungen und kultureller Praktiken entstehen.

2. **Integration vs. Bewahrung:** Die Balance zwischen der Integration neuer Ideen und Kulturen und der Bewahrung der eigenen Identität könnte eine Herausforderung darstellen. Gemeinschaften müssen entscheiden, wie viel kulturelle Veränderung akzeptabel ist, ohne die eigene Identität zu gefährden.

3. **Sprachliche Vielfalt:** Die Vielzahl von Sprachen könnte zu Kommunikationsbarrieren führen. Es wäre wichtig, Modelle zu entwickeln, die die Sprachenvielfalt respektieren und gleichzeitig eine effektive Kommunikation ermöglichen.

Chancen:

1. **Kreative Synergien:** Die Zusammenführung verschiedener kultureller Einflüsse könnte zu kreativen Synergien führen. Neue Formen der Kunst, Musik, Technologie und Innovation könnten aus dem Dialog zwischen verschiedenen Kulturen hervorgehen.

2. **Förderung von Toleranz und Verständnis:** Durch den ständigen kulturellen Austausch könnten Menschen eine tiefere Toleranz und ein besseres Verständnis für die Vielfalt der menschlichen Erfahrung entwickeln. Dies könnte zu einer Atmosphäre des Respekts und der Zusammenarbeit führen.

3. **Kulturelle Bildung und Bewusstsein:** Die Vielfalt der kulturellen Ausdrucksformen könnte zu einer reichen kulturellen Bildung führen. Menschen könnten ein tieferes Bewusstsein für ihre eigene Kultur entwickeln und gleichzeitig eine breitere Perspektive auf die Welt gewinnen.

4. **Globale Zusammenarbeit:** Eine Welt ohne politische Grenzen könnte zu einer verstärkten globalen Zusammenarbeit führen. Gemeinschaften könnten gemeinsam Lösungen für globale Herausforderungen finden und voneinander lernen.

Die Realisierung dieser Chancen erfordert jedoch bewusste Bemühungen, die kulturelle Vielfalt zu schützen, Interaktionen zu fördern und gleichzeitig Mechanismen zur Bewältigung auftretender Herausforderungen zu etablieren. Es wäre eine ständige Anpassung und Weiterentwicklung, um eine harmonische und gerechte politikfreie Welt zu schaffen.

Insgesamt könnten die kulturellen Entwicklungen in einer politikfreien Welt eine inspirierende und vielfältige Gesellschaft hervorbringen. Die Herausforderung besteht darin, Modelle zu schaffen, die die kulturelle Vielfalt schützen, fördern und gleichzeitig Brücken zwischen verschiedenen Gemeinschaften bauen.

KAPITEL 10: UTOPIE ODER DYSTOPIE?

In diesem abschließenden Kapitel werfen wir einen kritischen Blick auf die potenzielle Entwicklung einer politikfreien Welt und diskutieren, ob sie eher eine Utopie, eine idealisierte Gesellschaft, oder eine Dystopie, eine unerwünschte Realität, darstellt. Dabei werden sowohl die positiven als auch die potenziell problematischen Aspekte dieser Vision beleuchtet.

10.1 Utopische Elemente:

Friedliche Koexistenz

Die Grundlage einer politikfreien Welt liegt in der Vision einer friedlichen Koexistenz, in der Menschen unterschiedlicher Hintergründe, Kulturen und Überzeugungen harmonisch zusammenleben. Ohne formale politische Grenzen und Machthierarchien könnten Gemeinschaften auf der Grundlage von Gleichberechtigung und gegenseitigem Respekt aufblühen.
Eine friedliche Koexistenz würde auf dem Verständnis beruhen, dass Vielfalt eine Bereicherung ist und nicht eine Quelle von Konflikten. Menschen hätten die Freiheit, ihre kulturellen Traditionen zu bewahren und gleichzeitig von anderen zu lernen. Dies könnte zu einem interkulturellen Austausch führen, der nicht nur das Verständnis für verschiedene Lebensweisen vertieft, sondern auch zu einem Gefühl der globalen Solidarität beiträgt.
Die Abschaffung politischer Grenzen würde den Weg für offene Dialoge ebnen, die auf gegenseitigem Verständnis und gemeinsamen Zielen basieren. Friedliche Verhandlungen könnten

Konflikte lösen und zu kooperativen Lösungen für globale Herausforderungen führen, von Umweltfragen bis hin zu sozialen Ungerechtigkeiten.

Die Anerkennung und Wertschätzung der individuellen Freiheit und Autonomie würden die Grundlage für eine harmonische Gesellschaft bilden. Ohne politische Unterdrückung könnten Menschen ihre persönlichen Überzeugungen frei leben und den Raum für Toleranz und Respekt schaffen.

Die Förderung einer friedlichen Koexistenz erfordert Bildung für kulturelle Kompetenz und Interkulturalität. Menschen müssten die Werkzeuge erhalten, um Vorurteile abzubauen, Stereotypen zu überwinden und eine Atmosphäre des Vertrauens zu schaffen. Dies könnte durch Bildungsprogramme, kulturelle Austauschprogramme und den Zugang zu verschiedenen Perspektiven und Lebensgeschichten erreicht werden.

Insgesamt stellt die Vision der friedlichen Koexistenz in einer politikfreien Welt einen Weg zu einer globalen Gesellschaft dar, in der Zusammenarbeit, Empathie und Respekt für die Vielfalt im Mittelpunkt stehen. Es wäre eine Welt, in der Menschen Seite an Seite leben und sich gemeinsam für das Wohl der gesamten Menschheit engagieren.

Globale Zusammenarbeit

In einer politikfreien Welt manifestiert sich globale Zusammenarbeit als Eckpfeiler für das Streben nach kollektivem Wohlstand und der Bewältigung globaler Herausforderungen. Die Abschaffung formaler politischer Grenzen eröffnet Möglichkeiten für eine tiefgreifende und koordinierte Zusammenarbeit, bei der Gemeinschaften, Nationen und Regionen in einem vereinten Streben nach globaler Gerechtigkeit und Nachhaltigkeit zusammenkommen.

Ein zentrales Element globaler Zusammenarbeit wäre die gemeinsame Reaktion auf drängende globale Probleme. Gemeinsam könnten Menschen Lösungen für Herausforderungen wie Klimawandel, Ressourcenknappheit und soziale

Ungerechtigkeit erarbeiten. Die Koordination von Ressourcen, Wissen und Technologien auf globaler Ebene könnte effektive Strategien hervorbringen, um diesen Herausforderungen zu begegnen.

Die Abschaffung politischer Grenzen würde den Weg für einen offenen Dialog und Austausch von Ideen ebnen. Wissenschaftliche Erkenntnisse, Innovationen und bewährte Praktiken könnten frei zwischen verschiedenen Gemeinschaften zirkulieren, wodurch ein gemeinsames Verständnis für effektive Lösungsansätze entstehen könnte.

Globale Zusammenarbeit bedeutet auch die Schaffung einer gerechten und nachhaltigen globalen Wirtschaftsordnung. Ohne politische Machtspiele könnten Wirtschaftssysteme geschaffen werden, die auf kooperativen Prinzipien beruhen. Gemeinschaftsbanken und Finanzinstitutionen könnten darauf abzielen, Ressourcen gerecht zu verteilen und den wirtschaftlichen Fortschritt für alle zu fördern.

Die Förderung von Frieden und Sicherheit auf globaler Ebene würde durch den gemeinsamen Einsatz für Abrüstung, Konfliktprävention und die Achtung der Menschenrechte gewährleistet. Internationale Organisationen könnten eine Schlüsselrolle dabei spielen, ein Netzwerk des Vertrauens und der Zusammenarbeit zu schaffen, um potenzielle Konflikte zu verhindern und gemeinsame Werte zu fördern.

Die Technologie würde eine entscheidende Rolle in der globalen Zusammenarbeit spielen, indem sie Menschen weltweit miteinander verbindet. Virtuelle Plattformen könnten den Austausch von Ideen und Wissen ermöglichen, unabhängig von geografischen Entfernungen. Dies könnte zu einer globalen Gemeinschaft beitragen, in der Menschen miteinander in Verbindung stehen und gemeinsam an einer positiven Zukunft arbeiten.

Insgesamt repräsentiert die globale Zusammenarbeit in einer politikfreien Welt eine Vision, in der die Menschheit kollektiv aufblüht. Die Entfaltung von Frieden, Gerechtigkeit und nachhaltigem Wohlstand wird durch die kollaborative

Anstrengung verschiedener Teile der Welt ermöglicht, die gemeinsam nach einer besseren Zukunft streben.

Kulturelle Blüte

In einer politikfreien Welt entfaltet sich eine beeindruckende kulturelle Blüte, die auf der Anerkennung und Wertschätzung der Vielfalt menschlicher Ausdrucksformen basiert. Ohne politische Barrieren und kulturelle Dominanz könnten Gemeinschaften ihre einzigartigen kulturellen Identitäten bewahren und gleichzeitig von den kreativen Impulsen anderer profitieren. Diese Atmosphäre der Offenheit und des Austauschs könnte zu einer reichen und dynamischen kulturellen Landschaft führen.

Die Vielfalt kultureller Ausdrucksformen würde in einer politikfreien Welt als Quelle des Reichtums betrachtet. Gemeinschaften könnten ihre traditionellen Praktiken, Bräuche und Kunstformen bewahren und pflegen, ohne dabei von äußeren Einflüssen bedroht zu sein. Gleichzeitig könnten sie offen für neue Ideen und Inspirationen sein, die aus anderen Teilen der Welt stammen.

Die Förderung von kultureller Bildung und Interkulturalität würde einen zentralen Platz in dieser kulturellen Blüte einnehmen. Menschen könnten nicht nur die Geschichte und Traditionen ihrer eigenen Kultur verstehen, sondern auch die kulturellen Schätze anderer Gemeinschaften schätzen lernen. Dieser Dialog könnte zu einem gegenseitigen Verständnis und Respekt führen, der die Grundlage für eine kulturelle Renaissance bildet.

Kulturelle Programme, Festivals und Veranstaltungen würden dazu dienen, die Kreativität der Menschen zu feiern und zu fördern. Diese Ereignisse könnten Plattformen für den Austausch von Kunst, Musik, Literatur und kulturellem Erbe bieten. Menschen würden nicht nur ihre eigene Kultur präsentieren, sondern auch die Möglichkeit haben, die Vielfalt menschlicher Ausdrucksformen zu erkunden.

Die Technologie würde eine entscheidende Rolle dabei spielen, kulturelle Blüte zu ermöglichen. Virtuelle Plattformen könnten Künstlern und Kulturschaffenden weltweit die Möglichkeit bieten, ihre Werke einem globalen Publikum zugänglich zu machen. Dies würde nicht nur die Verbreitung von kulturellem Reichtum erleichtern, sondern auch den Dialog zwischen verschiedenen künstlerischen Ausdrucksformen fördern

Insgesamt repräsentiert die kulturelle Blüte in einer politikfreien Welt eine Vision, in der die Menschheit ihre kreativen Potenziale entfalten kann. Es wäre eine Welt, in der die Schönheit der Vielfalt gefeiert wird und die Menschen inspiriert sind, durch ihre kulturelle Identität einen positiven Beitrag zur globalen Gemeinschaft zu leisten.

10.2 Dystopische Bedenken:

Machtvakuum und Anarchie

Das Fehlen formaler politischer Strukturen in einer politikfreien Welt könnte zu einem Machtvakuum führen, das sowohl Herausforderungen als auch Chancen birgt. Das Machtvakuum entsteht, wenn traditionelle politische Hierarchien abgeschafft werden, ohne klare Mechanismen für die Verteilung und Ausübung von Macht einzuführen.

Herausforderungen:

1. **Extremistische Ausnutzung:** Ohne klare politische Strukturen besteht die Gefahr, dass extremistische Gruppen das Machtvakuum ausnutzen. Extremistische Ideologien könnten an Einfluss gewinnen und zu sozialen Unruhen führen, da es keine stabilen Institutionen gibt, die deren Einfluss begrenzen.

2. **Gefahr von Unordnung und Chaos:** Das Fehlen klarer politischer Autorität könnte zu Unordnung und Chaos führen. Ohne einen regulierenden Rahmen könnten Gemeinschaften Schwierigkeiten haben, Konflikte zu lösen, Ressourcen zu verwalten und grundlegende öffentliche Dienstleistungen bereitzustellen.

3. **Schwierigkeiten bei Entscheidungsfindung:** Das Fehlen einer zentralen politischen Instanz könnte zu Schwierigkeiten bei der Entscheidungsfindung führen. Gemeinschaften könnten Mühe haben, sich auf gemeinsame Ziele zu einigen, da es keine klaren Mechanismen für die Konsensbildung gibt.

Chancen:

1. **Basisdemokratie und Dezentralisierung:** Das Machtvakuum könnte Raum für neue Formen der Basisdemokratie und Dezentralisierung bieten. Gemeinschaften könnten autonomere Entscheidungen treffen, und die Macht könnte auf verschiedene Ebenen verteilt werden, was zu einer breiteren Beteiligung führen könnte.

2. **Innovative Governance-Modelle:** Das Fehlen traditioneller politischer Strukturen könnte Raum für innovative Governance-Modelle schaffen. Kooperative Entscheidungsfindung und partizipative Ansätze könnten entwickelt werden, um den Bedarf an formaler Hierarchie zu überwinden.

3. **Stärkung lokaler Gemeinschaften:** Das Machtvakuum könnte dazu führen, dass lokale Gemeinschaften gestärkt werden. Ohne eine übergeordnete Autorität könnten Gemeinschaften selbstorganisiert agieren und ihre eigenen Prioritäten und Bedürfnisse besser definieren.

Insgesamt liegt die Herausforderung darin, das Machtvakuum so zu gestalten, dass die positiven Aspekte genutzt werden können, während die Gefahr von Extremismus, Unordnung und Entscheidungsschwierigkeiten minimiert wird. Dies erfordert die Entwicklung von neuen Governance-Strukturen, die auf den Prinzipien von Teilhabe, Gerechtigkeit und sozialer Verantwortung basieren.
Mangelnde Durchsetzung von Rechten

In einer politikfreien Welt, in der formale politische Strukturen fehlen, könnte die Mangelnde Durchsetzung von Rechten zu einer Herausforderung werden. Ohne klare rechtliche Rahmenbedingungen und Institutionen zur Durchsetzung von Rechten besteht die Gefahr, dass grundlegende Menschenrechte vernachlässigt oder missachtet werden.

Herausforderungen:

1. **Fehlender Rechtsschutz:** Ohne ein etabliertes Rechtssystem könnten Individuen Schwierigkeiten haben, ihre Rechte zu schützen und rechtliche Schritte einzuleiten. Dies könnte zu einem Mangel an Gerechtigkeit führen, insbesondere wenn es um Diskriminierung, Missbrauch oder Verletzungen von grundlegenden Freiheiten geht.

2. **Risiko von Machtmissbrauch:** Das Fehlen einer klaren rechtlichen Autorität könnte das Risiko von Machtmissbrauch erhöhen. Ohne klare Mechanismen zur Überwachung und Sanktionierung könnten Machthaber oder Gruppen ihre Autorität missbrauchen und die Rechte der Einzelnen einschränken.

3. **Ungleichheit bei Rechten:** Ohne ein rechtliches Rahmenwerk könnte es zu Ungleichheiten bei der Durchsetzung von Rechten kommen. Mächtigere Gruppen könnten ihre Interessen stärker verteidigen, während marginalisierte Gemeinschaften möglicherweise nicht die gleichen Möglichkeiten haben, ihre Rechte zu schützen.

Mögliche Lösungsansätze:

1. **Entwicklung informeller Rechtssysteme:** Gemeinschaften könnten informelle Rechtssysteme entwickeln, die auf partizipativen Prinzipien basieren. Dies könnte den Bedarf an formalen Strukturen ausgleichen und sicherstellen, dass individuelle Rechte respektiert und geschützt werden.

2. **Stärkung der Gemeinschaft:** Durch die Stärkung der Gemeinschaft und Förderung von Solidarität könnten Menschen besser in der Lage sein, ihre Rechte zu verteidigen. Gemeinschaftsunterstützung und kollektive Aktion könnten als

Schutzmechanismen dienen.

3. **Internationale Standards und Kooperation:** Eine verstärkte Kooperation auf internationaler Ebene und die Anerkennung von internationalen Menschenrechtsstandards könnten als Schutzschilde dienen. Gemeinschaften könnten sich auf globale Normen berufen und internationale Zusammenarbeit suchen, um ihre Rechte zu sichern.

Die mangelnde Durchsetzung von Rechten in einer politikfreien Welt erfordert eine proaktive Herangehensweise an die Gestaltung von Mechanismen, die sicherstellen, dass grundlegende Freiheiten respektiert und geschützt werden. Dies könnte durch die Entwicklung neuer Formen von Governance, Selbstregulierung und internationaler Kooperation erreicht werden.

Wirtschaftliche Instabilität: Herausforderungen und Ansätze in einer Politikfreien Welt

In einer politikfreien Welt, die durch das Fehlen formaler politischer Strukturen geprägt ist, könnten wirtschaftliche Instabilitäten aufgrund verschiedener Faktoren auftreten. Das Fehlen eines klaren Regelwerks und einer zentralen Autorität könnte Herausforderungen für die Wirtschaftssysteme mit sich bringen.

Herausforderungen:

1. **Mangelnde Regulierung:** Das Fehlen formaler politischer Institutionen könnte zu einem Mangel an wirtschaftlicher Regulierung führen. Ohne klare Richtlinien könnten Marktakteure Risiken eingehen und unsichere Praktiken anwenden, was zu einer instabilen Wirtschaft führen könnte.

2. **Risiko von Monopolbildung:** Ohne eine übergeordnete politische Struktur könnten mächtige Akteure dazu neigen, Monopole zu bilden und den Wettbewerb zu verzerren. Dies könnte zu einer ungleichen Ressourcenverteilung und einer

Instabilität auf dem Markt führen.

3. **Schwierigkeiten bei der Ressourcenallokation:** Das Fehlen einer zentralen Autorität könnte zu Schwierigkeiten bei der effizienten Allokation von Ressourcen führen. Ohne klare Leitlinien könnten Ressourcen ungleich verteilt werden, was zu Ungleichgewichten und wirtschaftlichen Turbulenzen führen könnte.

Ansätze zur Bewältigung:

1.   **Selbstverwaltete   Wirtschaftsgemeinschaften:** Gemeinschaften könnten selbstverwaltete Wirtschaftsmodelle entwickeln, in denen die Teilnehmer gemeinsam Entscheidungen über Ressourcenallokation und Produktionsprozesse treffen. Dies könnte dazu beitragen, lokale Bedürfnisse besser zu berücksichtigen und die Wirtschaft auf stabile Fundamente zu stellen.

2. **Dezentralisierte Ressourcenverwaltung:** Durch die Implementierung dezentralisierter Mechanismen zur Ressourcenverwaltung könnten Gemeinschaften sicherstellen, dass Ressourcen gerecht verteilt werden. Lokale Institutionen könnten dabei helfen, den Bedarf an zentraler Regulierung zu minimieren und gleichzeitig für Stabilität zu sorgen.

3. **Kooperative Wirtschaftsstrukturen:** Die Förderung von kooperativen Wirtschaftsstrukturen, in denen verschiedene Akteure gemeinsam Eigentum und Entscheidungsgewalt teilen, könnte zu einer stabilen Wirtschaftslandschaft beitragen. Dies würde die Abhängigkeit von wenigen mächtigen Akteuren verringern und eine gleichberechtigtere Ressourcenverteilung ermöglichen.

4.   **Bildung   für   Wirtschaftskompetenz   und   -ethik:** Die Stärkung der Wirtschaftskompetenz und Ethik auf individueller und gemeinschaftlicher Ebene könnte zu verantwortungsbewussterem wirtschaftlichem Handeln führen.

Bildungseinrichtungen könnten eine Schlüsselrolle dabei spielen, ethische Standards zu fördern und wirtschaftliche Instabilität zu reduzieren.

Insgesamt erfordert die Bewältigung wirtschaftlicher Instabilität in einer politikfreien Welt die Schaffung alternativer Modelle, die auf Kooperation, Selbstverwaltung und ethischen Grundsätzen basieren. Durch gezielte Ansätze könnten Gemeinschaften eine robustere und stabilere wirtschaftliche Realität schaffen.

Herausforderung der Gleichgewichtssuche

In einer Welt ohne formale politische Strukturen, die auf Eigenverantwortung, Selbstverwaltung und kollektiven Entscheidungsprozessen basiert, stellt die Suche nach Gleichgewicht eine zentrale Herausforderung dar. Das Fehlen traditioneller Hierarchien erfordert einen kontinuierlichen Ausgleich zwischen individueller Freiheit und dem Bedürfnis nach gemeinschaftlicher Stabilität.

Individuelle Freiheit und Gemeinschaftsstabilität:

Eine der grundlegenden Herausforderungen liegt in der Balance zwischen individueller Freiheit und dem Wohl der Gemeinschaft. Während Menschen die Autonomie haben, ihre eigenen Entscheidungen zu treffen, muss gleichzeitig sichergestellt werden, dass diese Entscheidungen nicht zu Lasten anderer Mitglieder der Gemeinschaft gehen und nicht die Stabilität gefährden.

Partizipative Entscheidungsfindung:

Die Suche nach Gleichgewicht erfordert eine effektive partizipative Entscheidungsfindung. Gemeinschaften müssen Mechanismen entwickeln, die sicherstellen, dass die Stimmen aller Mitglieder gehört werden und dass Entscheidungen auf transparente und gerechte Weise getroffen werden. Dabei müssen auch Minderheiten geschützt werden, um ihre Rechte und Interessen zu wahren.

Dynamik des sozialen Wandels:

Die Dynamik des sozialen Wandels stellt eine weitere Herausforderung dar. In einer Welt ohne festgelegte politische Strukturen können sich Gemeinschaften rasch verändern und neuen Herausforderungen gegenüberstehen. Die Fähigkeit, auf diese Veränderungen flexibel zu reagieren und dabei das Gleichgewicht zwischen Freiheit und Stabilität zu wahren, ist entscheidend.

Erhaltung von Gerechtigkeit:

Die Aufrechterhaltung von Gerechtigkeit ist in dieser Gleichgewichtssuche von zentraler Bedeutung. Es muss vermieden werden, dass bestimmte Gruppen oder Individuen durch unfaire Praktiken oder Machtansammlungen benachteiligt werden. Dies erfordert klare Prinzipien, die auf Gleichheit und Gerechtigkeit basieren.

Nachhaltigkeit und Ressourcenmanagement:

Die nachhaltige Nutzung von Ressourcen ist eine weitere Dimension dieser Herausforderung. Gemeinschaften müssen sicherstellen, dass Ressourcen gerecht verteilt werden und dass ihre Nutzung nicht zu Umweltauswirkungen führt, die das Gleichgewicht der Gemeinschaft beeinträchtigen könnten.

Insgesamt erfordert die Herausforderung der Gleichgewichtssuche in einer politikfreien Welt einen fortlaufenden Dialog, eine kontinuierliche Anpassung von Entscheidungsprozessen und die Entwicklung von Prinzipien, die die Grundlage für eine stabile und gerechte Gemeinschaft bilden. Durch diese dynamische Gleichgewichtssuche können Gemeinschaften eine resilientere und nachhaltigere Zukunft gestalten.

KAPITEL 11: DIE ZUKUNFT OHNE POLITIK

In einem fesselnden Blick in eine Zukunft ohne formale politische Strukturen zeichnet sich eine Welt ab, die auf Prinzipien der Eigenverantwortung, Selbstverwaltung und kollektiven Entscheidungsprozessen basiert. Das Fehlen traditioneller Hierarchien öffnet die Tür zu einer Gesellschaft, die von Gleichberechtigung, Freiheit und gemeinschaftlichem Wohlstand geprägt ist.

11.1 Selbstbestimmung und Eigenverantwortung:
In dieser Zukunft ohne traditionelle politische Strukturen erblüht das Prinzip der Selbstbestimmung und Eigenverantwortung in einer Weise, die das Individuum in den Mittelpunkt des gesellschaftlichen Wandels stellt. Die Menschen übernehmen aktiv die Kontrolle über ihre Entscheidungen, Lebenswege und Handlungen, wodurch eine tiefgreifende Autonomie entsteht. In dieser Gesellschaft wird Selbstbestimmung nicht nur als Recht, sondern als grundlegendes Element der menschlichen Würde betrachtet.

Individuen gestalten ihre Bildungswege nach ihren Interessen und Talenten, fernab von vorgegebenen Normen. Arbeitskarrieren werden nicht mehr von starren Hierarchien bestimmt, sondern durch persönliche Ambitionen und kreative Entfaltung. Die Idee der Selbstbestimmung erstreckt sich auch auf die Art und Weise, wie Gemeinschaften sich organisieren, wobei Bürger aktiv in Entscheidungsprozesse eingebunden sind.

Parallel dazu geht die Selbstbestimmung mit einem tieferen

Verständnis für Eigenverantwortung einher. Die Menschen erkennen, dass ihre Handlungen Auswirkungen auf die Gemeinschaft haben, und übernehmen die Verantwortung für ihre individuellen und kollektiven Konsequenzen. Eine Ethik der Verantwortlichkeit durchzieht sämtliche Lebensbereiche, sei es in wirtschaftlichen Beziehungen, Umweltangelegenheiten oder sozialen Interaktionen.

Diese Selbstbestimmung und Eigenverantwortung werden durch Bildung gefördert, die darauf abzielt, Menschen zu mündigen, kritischen Denkern zu machen. Die Fähigkeit, informierte Entscheidungen zu treffen, wird als entscheidendes Werkzeug betrachtet, um die Kontrolle über das eigene Leben und den Beitrag zur Gemeinschaft wahrzunehmen.

Insgesamt entfaltet sich in dieser Gesellschaft ohne traditionelle Politik eine erhebende Vision der Selbstbestimmung und Eigenverantwortung. Die Menschen werden nicht nur zu Akteuren ihrer eigenen Geschicke, sondern erkennen auch die gemeinsame Verantwortung für das Wohl der Gesellschaft und des Planeten.

11.2 Partizipative Entscheidungsfindung:

Die Zukunft ohne politische Hierarchien und formale Strukturen ist geprägt von einer tiefgreifenden Veränderung in der Art und Weise, wie Entscheidungen getroffen werden – durch die Förderung partizipativer Entscheidungsfindung. In dieser Gesellschaft sind die traditionellen Muster repräsentativer Demokratie überwunden, stattdessen wird eine Basis geschaffen, auf der jeder Bürger aktiv in den Entscheidungsprozess eingebunden ist.

Partizipation durchzieht sämtliche Ebenen des gesellschaftlichen Lebens, sei es auf lokaler, regionaler oder globaler Ebene. Bürger haben direkten Zugang zu Entscheidungsforen und Plattformen, auf denen Ideen ausgetauscht, diskutiert und gemeinsam entschieden wird. Technologische Innovationen spielen eine entscheidende Rolle, indem sie die Partizipation erleichtern und transparente Prozesse fördern.

Entscheidungen werden nicht länger von wenigen Eliten getroffen, sondern basieren auf dem kollektiven Wissen und den Erfahrungen der Gemeinschaft. Die Vielfalt der Meinungen wird als Stärke betrachtet, die es ermöglicht, umfassendere und ausgewogenere Lösungen zu finden. Dieser partizipative Ansatz fördert die Inklusion aller Mitglieder der Gesellschaft, unabhängig von Geschlecht, Alter, ethnischer Zugehörigkeit oder sozialer Klasse.

Gemeinschaften erkennen an, dass komplexe Probleme eine vielfältige Perspektive erfordern. Die Bürger sind nicht nur Empfänger von Entscheidungen, sondern aktive Gestalter ihrer eigenen Realität. Partizipative Entscheidungsfindung fördert nicht nur das Verständnis für komplexe Fragestellungen, sondern stärkt auch das Vertrauen in die getroffenen Entscheidungen, da sie auf einem breiten Konsens beruhen.

In dieser Zukunft ohne Politik ist die partizipative Entscheidungsfindung nicht nur ein Mittel zur Mitbestimmung, sondern ein zentrales Element der Demokratie, das die Machtverteilung auf eine breite Basis ausdehnt und eine lebendige, inklusive Gesellschaft formt.

11.3 Sozialer Wandel und Innovation:
In der Zukunft ohne politische Strukturen entfaltet sich ein dynamischer Prozess des sozialen Wandels und der Innovation, der die Gesellschaft auf allen Ebenen durchdringt. Das Fehlen traditioneller politischer Hierarchien ermöglicht ein offenes Umfeld, in dem Ideen blühen, Innovation gefördert wird und Menschen aktiv nach neuen Lösungen suchen, um ihre Lebensqualität zu verbessern.

Der soziale Wandel erstreckt sich über verschiedene Bereiche, von Bildung und Arbeitswelt bis hin zu sozialen Normen und

Wertvorstellungen. Die Menschen erkennen die Notwendigkeit für kontinuierliche Anpassung an eine sich verändernde Welt und nehmen aktiv am Prozess des Wandels teil. Traditionelle Barrieren und festgefahrene Strukturen weichen einem flexiblen und offenen System, das auf die Bedürfnisse und Aspirationen der Gemeinschaft reagiert.

Innovation durchdringt sämtliche Sektoren der Gesellschaft. Von nachhaltigen Technologien über alternative Bildungsmodelle bis hin zu neuen Formen der sozialen Organisation entstehen kreative Lösungen, die auf Empowerment, Effizienz und nachhaltigem Wohlstand basieren. Gemeinschaften fördern den freien Austausch von Ideen und schaffen Räume, in denen Innovation gedeihen kann.

Die Menschen dieser Zukunft begreifen Innovation nicht nur als technologischen Fortschritt, sondern auch als eine Möglichkeit, soziale Gerechtigkeit und Solidarität zu fördern. Neue Formen der Zusammenarbeit und kooperativer Wirtschaftsmodelle entstehen, um sicherzustellen, dass der Fortschritt dem Wohl der gesamten Gemeinschaft dient.

Dieser kontinuierliche soziale Wandel und die ständige Suche nach Innovation sind Schlüsselkomponenten einer Gesellschaft, die ohne formale politische Strukturen existiert. Die Menschen sind nicht nur Rezipienten des Wandels, sondern aktive Gestalter ihrer Zukunft, die durch die Dynamik von Wandel und Innovation geprägt ist.

11.4 Gerechtigkeit und Solidarität:

In der Zukunft ohne politische Hierarchien stehen Gerechtigkeit und Solidarität im Zentrum der sozialen Werte. Die Gesellschaft hat erkannt, dass wahre Freiheit und Wohlstand nur in einem Umfeld gedeihen können, das auf Gleichheit, Fairness und Solidarität basiert. Diese Werte durchziehen sämtliche Bereiche des gesellschaftlichen Lebens und schaffen eine Grundlage für eine inklusive und gerechte Gesellschaft.

Gerechtigkeit wird nicht mehr als bloße rechtliche Einhaltung von Regeln betrachtet, sondern als grundlegendes Prinzip, das sicherstellt, dass jeder Bürger gleiche Chancen und Rechte genießt. Gemeinschaften setzen auf transparente Ressourcenverteilung, soziale Gerechtigkeit und den Schutz der Rechte aller Mitglieder. Die Beseitigung von Diskriminierung und Ungleichheit steht im Fokus, um eine wirklich inklusive Gesellschaft zu formen.

Solidarität ist das Bindeglied, das die Menschen miteinander verbindet. Gemeinschaften erkennen an, dass das Wohl eines Einzelnen untrennbar mit dem Wohl der gesamten Gesellschaft verbunden ist. Solidarität geht über bloße Mitgefühl hinaus und wird zu einem aktiven Prinzip, das Menschen dazu motiviert, sich für das Wohl anderer einzusetzen. Dieser Geist der Solidarität erstreckt sich von der lokalen bis zur globalen Ebene.

Die Umsetzung von Gerechtigkeit und Solidarität erfordert nicht nur rechtliche Rahmenbedingungen, sondern auch eine kulturelle Transformation. Bildung spielt eine Schlüsselrolle, indem sie die Werte der Gerechtigkeit und Solidarität in den Herzen und Köpfen der Menschen verankert. Gemeinschaften fördern einen offenen Dialog über Unterschiede und Ähnlichkeiten, um Verständnis und Respekt zu fördern.

Insgesamt ist Gerechtigkeit in Verbindung mit Solidarität ein dynamisches Duo, das eine Gesellschaft ohne politische Strukturen prägt. Diese Werte schaffen eine Grundlage für eine lebendige und harmonische Gemeinschaft, in der jeder Einzelne die Unterstützung und Chancen erhält, die er benötigt, und in der das Wohl aller als gemeinsame Verantwortung verstanden wird.

11.5 Nachhaltigkeit und Umweltbewusstsein:

In der Zukunft ohne formale politische Strukturen wird Nachhaltigkeit zu einem Grundpfeiler des gesellschaftlichen Handelns, während ein tiefgreifendes Umweltbewusstsein die Gemeinschaften prägt. Das Fehlen traditioneller politischer Hierarchien ermöglicht einen radikalen Wandel in der Art und Weise, wie Menschen mit ihrer Umwelt interagieren, indem nachhaltige Praktiken und Umweltbewusstsein in den Mittelpunkt des gesellschaftlichen Lebens rücken.

Nachhaltigkeit erstreckt sich über sämtliche Bereiche, von der Wirtschaft bis zur täglichen Lebensführung. Gemeinschaften setzen auf ressourceneffiziente Technologien, erneuerbare Energien und Kreislaufwirtschaft, um Umweltauswirkungen zu minimieren. Die nachhaltige Nutzung von Ressourcen wird als essentiell betrachtet, um die Bedürfnisse der Gegenwart zu erfüllen, ohne die Chancen zukünftiger Generationen zu gefährden.

Umweltbewusstsein wird zu einem integrierten Bestandteil der Bildung. Die Menschen werden nicht nur über die ökologischen Herausforderungen aufgeklärt, sondern auch darin geschult, nachhaltige Lebensstile zu pflegen. Die Verbindung zwischen Mensch und Natur wird gestärkt, um ein tieferes Verständnis für die Abhängigkeit von einem gesunden Planeten zu fördern.

Gemeinschaften engagieren sich aktiv in Umweltschutzmaßnahmen, sei es durch Aufforstungsprojekte, den Schutz bedrohter Arten oder die Bewahrung natürlicher Lebensräume. Die Zusammenarbeit zwischen Gemeinschaften auf lokaler und globaler Ebene wird intensiviert, um gemeinsam globale Umweltprobleme anzugehen.

In dieser Zukunft ohne Politik steht Nachhaltigkeit nicht nur für ökologische Verantwortung, sondern auch für soziale und wirtschaftliche Nachhaltigkeit. Die Menschen erkennen, dass eine gesunde Umwelt untrennbar mit dem Wohlstand der Gesellschaft verbunden ist, und setzen auf gemeinsame Anstrengungen, um einen harmonischen Einklang zwischen Mensch und Natur zu gewährleisten.

11.6 Globale Zusammenarbeit und kultureller Austausch:

In der Zukunft ohne politische Hierarchien steht die globale Zusammenarbeit im Zentrum einer vernetzten Welt, die von einem tiefen Verständnis für kulturellen Austausch und Interkonnektivität geprägt ist. Das Fehlen traditioneller politischer Strukturen eröffnet Raum für eine intensivere globale Kooperation, die auf gegenseitigem Respekt, Verständnis und gemeinsamen Zielen basiert.

Globale Zusammenarbeit wird nicht mehr durch nationale Interessen oder Machtspiele beeinträchtigt. Gemeinschaften erkennen die Notwendigkeit, globale Herausforderungen gemeinsam anzugehen, sei es der Klimawandel, wirtschaftliche Ungleichheit oder Gesundheitsprobleme. Internationale Zusammenarbeit wird durch transparente und partizipative Prozesse gestärkt, bei denen Gemeinschaften auf lokaler Ebene genauso wie Staaten auf globaler Ebene beteiligt sind.

Kultureller Austausch wird als Mittel zur Förderung von Vielfalt und Verständnis betrachtet. Statt kultureller Homogenisierung entsteht eine Welt, in der verschiedene Traditionen, Sprachen und Perspektiven gefeiert werden. Digitale Plattformen ermöglichen einen lebendigen Austausch von Ideen, Kunst und Werten über nationale Grenzen hinweg, wodurch eine reichhaltige und diverse kulturelle Landschaft entsteht.

Die Menschen dieser Zukunft erkennen an, dass lokale Herausforderungen oft globale Ursachen haben, und setzen auf eine koordinierte Antwort. Institutionen und Plattformen für globale Governance, die auf inklusiven Prinzipien basieren, ermöglichen eine effektive Kooperation und den Austausch bewährter Praktiken zwischen verschiedenen Regionen.

Insgesamt wird die globale Zusammenarbeit zu einem Eckpfeiler einer Welt ohne politische Strukturen. Die Menschen schaffen eine vernetzte, interdependente Gemeinschaft, in der die Stärken und Ressourcen aller genutzt werden, um gemeinsame Ziele zu erreichen und eine nachhaltige, harmonische Welt für alle zu gestalten.

Insgesamt entwirft Kapitel 11 ein faszinierendes Bild einer Zukunft ohne Politik, in der die Menschheit durch Selbstbestimmung, partizipative Entscheidungsprozesse und gemeinschaftliche Werte eine neue Ära des Fortschritts und des Wohlbefindens erlebt. Diese Vision wirft nicht nur einen

Blick auf die Möglichkeit einer politikfreien Welt, sondern regt auch dazu an, über die Gestaltung unserer gegenwärtigen Gesellschaft nachzudenken und Wege zu einer gerechteren und nachhaltigeren Zukunft zu finden.

Schlusswort: Eine Welt im Gleichgewicht – Jenseits der Politik

Mit diesen Worten schließen wir die faszinierende Reise durch die Seiten dieses E-Books "Jenseits der Politik: Eine Welt im Gleichgewicht". In den vorangegangenen Kapiteln haben wir eine Vision entworfen, die eine alternative Realität skizziert – eine Welt, in der die traditionellen Formen der Politik überwunden wurden und Platz gemacht haben für eine Gesellschaft, die von Selbstbestimmung, Gerechtigkeit, Innovation und globaler Zusammenarbeit geprägt ist.

Die Grundlage dieses Konzepts beruht auf der Annahme, dass eine Welt ohne Politik nicht gleichbedeutend mit Chaos ist, sondern vielmehr eine Einladung zu neuen Formen der sozialen Organisation, Entscheidungsfindung und Zusammenarbeit darstellt. Von der selbstverwalteten Bildung über partizipative Demokratie bis hin zu nachhaltigen Wirtschaftssystemen haben wir die vielen Facetten dieser Vision erkundet.

Die vorliegende Arbeit ist mehr als eine bloße theoretische Abhandlung. Sie ist eine Einladung zum Träumen, zum Nachdenken und zum Hinterfragen der bestehenden Paradigmen. Unsere Reise führte uns durch eine Welt, in der das Streben nach individueller Freiheit Hand in Hand geht mit einem starken Gemeinschaftsgefühl, in der die Umwelt geschützt wird und Gerechtigkeit nicht nur ein Ideal, sondern eine gelebte Realität ist.

Es liegt an jedem Leser, diese Vision zu reflektieren und

die inspirierenden Konzepte in seinen eigenen Gedanken und Handlungen zu integrieren. Wir möchten Sie ermutigen, über die Seiten dieses E-Books hinaus zu schauen und aktiv an der Gestaltung einer gerechteren, nachhaltigeren und harmonischeren Welt teilzunehmen.

Möge diese Vision nicht nur in den Gedanken verweilen, sondern als Katalysator für konkrete Veränderungen dienen. Denn in einer Welt ohne Politik können wir die Autoren und Gestalter unserer eigenen Geschichte sein – Individuen, die in einer kollektiven Anstrengung das Gleichgewicht suchen und eine Welt formen, die auf den Prinzipien der Freiheit, Gerechtigkeit und Solidarität beruht.

Vielen Dank, dass Sie sich auf diese Gedankenreise begeben haben. Möge die Inspiration, die Sie hier gefunden haben, Sie auf Ihrem eigenen Weg begleiten.